INSTITUT DE DROIT INTERNATIONAL

**SESSION DE CHRISTIANIA (1912)**

VINGTIÈME COMMISSION

# Réglementation des lois et coutumes de la guerre maritime dans les rapports entre belligérants

## Manuel des lois de la guerre maritime

**Rapport et Projet de manuel par M. Paul FAUCHILLE, rapporteur**

Dans la circulaire qu'au mois de mars/avril 1906 elle envoyait aux puissances pour leur tracer le programme de la deuxième Conférence de la Paix, la Russie indiquait comme l'un des points de ce programme l'« élaboration d'une convention relative aux lois et usages de la guerre maritime,... dans laquelle seraient introduites les dispositions relatives à la guerre sur terre qui seraient applicables également à la guerre maritime »(1). Les différentes questions susceptibles de trouver place dans une convention de cette nature furent distribuées, à la Conférence qui s'ouvrit le 15 juin 1907, entre la troisième et la quatrième Commissions dites respectivement *Commission*

(1) V. *Actes et documents de la deuxième Conférence de la Paix*, t. I, p. XVII.

*de la guerre sur mer* et *Commission du droit international maritime.* C'est cette dernière qui fut chargée d'examiner « quelles dispositions relatives à la guerre sur terre seraient applicables également à la guerre maritime ». Et son président, M. de Martens, dans le questionnaire qu'il élabora pour servir de base aux discussions, précisa le problème en ces termes : « Dans quelles limites les dispositions de la convention de 1899 relativement aux lois et coutumes de la guerre sur terre sont-elles applicables aux opérations de la guerre maritime ? »(1) Le 7 août, la quatrième Commission renvoya, sans discussion préalable, l'étude du sujet à un Comité d'examen(2), et, le 28, celui-ci, pour donner une base à ses travaux, invita un de ses membres, M. van Karnebeek, représentant des Pays-Bas, à faire un rapport sur la matière(3). Ce rapport, soumis au Comité dans la 13e séance du 9 septembre, « se borna à signaler les problèmes sans avoir la prétention de les résoudre » ; il reproduisit les dispositions du règlement de La Haye du 29 juillet 1899 sur les lois et coutumes de la guerre sur terre, en indiquant simplement celles qui ne pouvaient s'appliquer à la guerre sur mer : c'étaient, d'après le délégué néerlandais, les seuls articles 2, 3, 21, 23g, 39 et 41 ; tous les autres étaient applicables avec certaines modifications de forme ou de fond. Mais le temps fit défaut au Comité d'examen pour discuter le travail de M. van Karnebeek. Il se contenta dès lors « d'exprimer l'espoir que les principes de la convention de 1899 seront introduits dans la guerre maritime », et vota, sur la proposition de MM. Bernaert et Hagerup, une résolution ainsi conçue : « La Commission prie la Conférence de bien vouloir exprimer le vœu de voir les puissances, en attendant un règlement spécial, appliquer autant que possible à la guerre sur mer

(1) *Actes et documents*, t. III, p. 742 et 1133.
(2) *Actes et documents*, t. III, p. 912.
(3) *Actes et documents*, t. III, p 1030.

les principes de la convention de 1899 relatifs à la guerre sur terre. Il serait désirable, d'après elle, que l'élaboration de ce règlement figurât au programme de la prochaine Conférence »(1). Cette résolution, adoptée également par la 4e Commission et par la Conférence dans sa 7e séance plénière du 27 septembre(2), figure, comme 4e vœu, sous la forme suivante dans l'Acte final de la Conférence du 18 octobre 1907 : « La Conférence émet le vœu que l'élaboration d'un règlement relatif aux lois et coutumes de la guerre maritime figure au programme de la prochaine Conférence et que, dans tous les cas, les puissances appliqueront, autant que possible, à la guerre sur mer les principes de la convention relative aux lois et coutumes de la guerre sur terre »(3).

La « prochaine Conférence de la Paix », à laquelle il était ainsi fait allusion dans ce vœu, avait été prévue plus directement par la deuxième Conférence. Dans une déclaration qui terminait son Acte final, celle-ci « recommandait, en effet, aux puissances la réunion d'une troisième Conférence de la Paix qui pourrait avoir lieu dans une période analogue à celle qui s'est écoulée depuis la précédente Conférence », et elle « appelait, d'autre part, leur attention sur la nécessité de préparer les travaux de cette troisième Conférence assez longtemps à l'avance pour que ses délibérations se poursuivent avec l'autorité et la rapidité indispensables »(4).

C'est pour répondre à ce désir manifesté par la deuxième Conférence de La Haye que l'Institut de droit international, dans sa session de Paris, au mois d'avril 1910, a, sur la proposition de MM. de Bar, Paul Fauchille, de Lapradelle, Politis, lord Reay, Scott et Westlake, décidé de nommer « une Commission de neuf membres chargés de rechercher et de

(1) *Actes et documents* t. III, p. 1048.
(2) *Actes et documents*, t. I, p. 237.
(3) *Actes et documents*, t. I, p. 700.
(4) *Actes et documents*, t. I, p. 701.

choisir les études qui présenteraient la plus grande utilité comme préparatoires à la Conférence de la Paix et d'en organiser la discussion par l'Institut » (1).

Cette Commission, que l'assemblée générale de l'Institut composa de MM. Renault, Hagerup, Edouard Rolin, Scott, Westlake, Paul Fauchille, Fromageot, Holland et de Bar, se réunit à Paris le 6 et le 7 octobre 1911. Et, à l'unanimité de ses membres qui, à l'exception de M. de Bar, étaient tous présents, elle déclara, sur la motion de M. Paul Fauchille, qu'il était désirable que l'Institut, conformément au 4e vœu de la deuxième Conférence de la Paix, élaborât un règlement relatif aux lois et coutumes de la guerre maritime dans les rapports entre belligérants ». C'est de même à l'unanimité que la Commission adopta, pour la préparation de ce règlement, la procédure que M. Paul Fauchille lui avait indiquée et qui s'inspirait de celle suivie par l'Institut dans l'élaboration de son manuel sur les lois et coutumes de la guerre sur terre voté à Oxford en 1880. Celle procédure se résumait dans les six points suivants : 1° nomination d'un rapporteur ; 2° désignation d'une Commission restreinte ; 3° envoi par le rapporteur d'un questionnaire à tous les membres et associés de l'Institut en leur demandant des réponses rapides ; 4° rédaction par le rapporteur d'un rapport et d'un projet de manuel ; 5° communication du projet de manuel aux membres de la Commission ainsi qu'à tous les membres et associés de l'Institut ; 6° modification, s'il y a lieu, d'après les réponses, du projet de manuel et vote de celui-ci, dans son ensemble, par l'Institut, à la session de Christiania ; communication du manuel, avec les éléments de son élaboration, aux gouvernements représentés à La Haye en 1907 (2).

(1) *Annuaire de l'Institut de droit international*, t. XXIII, p. 498.

(2) Rapport de M. Edouard Rolin au nom de la Commission spéciale instituée en vue de la prochaine Conférence de la Paix, *Revue de droit international et de législation comparée*, 2e série, t. XIII (1911), p. 590-594.

La Commission de Paris, dans sa réunion du 6 octobre, a nommé, pour faire partie de la Commission d'élaboration, devenue la 20me Commission de l'Institut, cinq membres titulaires : MM. Charles Dupuis, Paul Fauchille, Hammarskjöld, Holland et Kaufmann, et deux membres suppléants : MM. Fromageot et Edouard Rolin ; et elle m'a fait l'honneur de me désigner comme rapporteur.

C'est en cette qualité que, le 12 octobre 1911, j'ai adressé à mes honorables collègues de l'Institut, membres ou associés, en les priant d'y répondre avant le 1er février 1912, le questionnaire suivant :

I. Convient-il, pour établir le manuel de l'Institut de droit international sur les lois et coutumes de la guerre maritime, de suivre l'ordre des chapitres et des articles du règlement de La Haye du 18 octobre 1907 concernant les lois et coutumes de la guerre sur terre ? S'il n'y a pas lieu de se conformer à cet ordre, quelle distribution des matières faudrait-il admettre ?

II. Quelles sont les dispositions du règlement de La Haye du 18 octobre 1907 concernant les lois et coutumes de la guerre sur terre qui peuvent être déclarées applicables aux opérations de la guerre sur mer ? Quelles sont celles qui ne peuvent s'y appliquer ?

III. Les dispositions du règlement reconnues applicables doivent-elles figurer dans le manuel telles que la deuxième Conférence de la Paix les a consacrées, sauf les modifications de forme nécessaires pour leur adaptation à la guerre maritime, ou l'Institut doit-il leur faire subir quant au fond les modifications qui constitueraient dans sa pensée des améliorations ?

IV. En dehors des questions prévues dans le règlement de La Haye en existe-t-il d'autres, relatives à la guerre maritime, qu'il y aurait lieu de faire figurer dans le manuel de l'Institut ? Dans le cas de l'affirmative, quelles seraient ces questions et quelle solution conviendrait-il de leur donner ?

V. En ce qui concerne les règles touchant la guerre

maritime qui ont fait l'objet à La Haye de conventions spéciales, comme celles sur l'ouverture des hostilités, sur le régime des navires de commerce ennemis au début des hostilités, sur la transformation des navires de commerce en bâtiments de guerre, sur la pose de mines sous-marines, sur le bombardement par des forces navales, sur l'adaptation à la guerre maritime des principes de la convention de Genève, sur certaines restrictions à l'exercice du droit de capture sur mer, faut-il procéder par un simple renvoi à la convention, ou convient-il d'insérer dans le manuel de l'Institut le texte même des articles de ces conventions, modifié ou non suivant ce qui sera répondu à la question III ?

Au questionnaire qui précède, et qui posait des questions relatives soit à la forme, soit au fond du règlement qu'il s'agissait de rédiger, quatre membres de la 20me Commission — MM. Dupuis, Holland, Kaufmann et Edouard Rolin — et huit membres ou associés de l'Institut — MM. de Boeck, de Bustamante, Errera, Harburger, Kleen, de Louter, Oppenheim et Westlake — ont répondu. Sauf celles de M. Errera et de M. Holland, toutes les observations qui m'ont été adressées ont porté uniquement sur les questions indiquées dans le questionnaire. M. Errera, d'une manière exclusive, et M. Holland, dans un passage de sa note, ont seuls soulevé des critiques contre la procédure admise par la Commission de Paris. J'examinerai ces critiques et je résumerai en une brève analyse les idées directrices qui ont inspiré les réponses de mes savants collègues tant en ce qui touche la forme qu'en ce qui concerne le fond du manuel ; je ferai en même temps connaître dans mon rapport les appréciations qu'elles m'ont suggérées. Celui-ci sera ainsi divisé en trois parties distinctes : 1° Procédure pour l'élaboration du manuel. 2° Forme du manuel. 3° Contenu du manuel.

Avant d'examiner ces différents points il convient toutefois de délimiter d'une manière précise l'objet du travail qui s'impose à l'Institut.

Un des membres de la 20me Commission, M. Kaufmann, a émis l'opinion que le règlement devrait s'occuper des rapports des belligérants, non seulement entre eux, mais aussi avec les neutres, et qu'il devrait être précédé, comme le règlement de La Haye du 29 juillet 1899, d'une convention à signer par les puissances. « Le code définitif international des lois et coutumes de la guerre maritime à faire par la Conférence de La Haye devrait, dit-il, être *complet (compréhensif)*, c'est-à-dire comprendre les règles pour les relations non seulement entre belligérants mais encore entre belligérants et neutres. Si provisoirement il est peut-être préférable de restreindre les délibérations de l'Institut (et aussi de la Conférence de La Haye) aux règles concernant les relations entre belligérants, l'Institut ne pourrait-il pas du moins faire une esquisse d'un règlement compréhensif, c'est-à-dire élaborer seulement les matières regardant les relations entre belligérants, mais marquer aussi dans le règlement la place des autres matières par des titres, sections ou chapitres? Il semble, d'autre part, pratique que, d'après le modèle de la convention et du règlement concernant les lois et coutumes de la guerre sur terre, le projet de l'Institut concernant les lois et coutumes de la guerre maritime se compose d'un projet de convention et d'un projet de règlement y annexé », le premier obligeant les puissances à donner à leurs forces armées des instructions conformes au second. Je ne pense pas que l'Institut doive adhérer à la proposition de M. Kaufmann. Car celle-ci me paraît sortir des limites que la Commission de Paris a fixées aux travaux de l'Institut. Ce que ce dernier a mission de faire, c'est de mettre en œuvre le 4me vœu de la deuxième Conférence de la Paix ; or ce vœu fait allusion simplement à l'élaboration d'un *règlement* relatif aux lois et coutumes de la guerre maritime, et il ressort de ses termes comme des travaux préparatoires d'où il est sorti que, pour établir ce règlement, on doit s'inspirer *des règles admises en 1899 pour les lois et coutumes de la guerre sur terre*, lesquelles avaient trait uniquement aux rapports entre belligérants. La formule employée par la Commission de l'Institut est, au surplus, très précise à cet égard : elle parle de « l'élaboration d'un *règlement* relatif aux lois et coutumes de la guerre maritime *dans les rapports entre belligérants* », et il ne me semble pas que l'Institut puisse la critiquer. Les considérations qui ont amené la décision de la Commission de Paris sont des plus sérieuses : 1° L'extension du règlement aux rapports des neutres et des belligérants entraînerait l'examen de questions si nombreuses et si complexes qu'il deviendrait pratiquement difficile de mener à bien le travail, et elle empiéterait en outre sur l'œuvre que par ailleurs l'Institut s'est chargé d'entreprendre, plusieurs de ses Commissions antérieurement constituées ayant à étudier le règlement des droits de la guerre maritime au point de vue de la neutralité (1). 2° L'élaboration d'une convention précédant le règlement pour le rendre obligatoire excéderait la compétence de l'Institut, en même temps qu'elle serait absolument inutile : c'est, en définitive, aux Etats eux-mêmes qu'il appartient de rédiger un pareil document, et l'existence d'un règlement international pour la conduite des hostilités entre belligérants suppose nécessairement que les puissances qui l'adopteront voudront en imposer les dispositions à leurs forces armées.

## I

## Procédure pour l'élaboration du manuel

La procédure admise par la Commission de Paris pour l'élaboration du manuel, et que nous avons déjà indiquée (2),

---

(1) V. 3me Commission (régime de la neutralité et spécialement l'hospitalité neutre dans la guerre maritime) ; 19me Commission (Examen de l'œuvre de la Conférence de Londres au point de vue de la contrebande de guerre).

(2) V. ci-dessus, p. 4.

a fait l'objet, de la part de M. Errera et de M. Holland, d'une double critique :

1° Ils estiment, en premier lieu, cette procédure trop hâtive. « Je me demande, dit M. Errera, si les évènements auxquels nous assistons — et par là mon honorable collègue entend sans doute la guerre qui a éclaté entre l'Italie et la Turquie — ne nous engageront pas à retarder quelque peu la rédaction du manuel ». « Il n'y a pas d'analogie, déclare M. Holland, entre la procédure suivie pour la préparation du manuel d'Oxford et celle que vient de recommander notre rapporteur. La considération des lois de la guerre sur terre initiée par l'Institut en 1874, spécialement à l'égard de la déclaration de Bruxelles, s'est prolongée pendant plusieurs années... Avant même de mettre la main à l'œuvre, il faudrait répondre à certaines questions préjudicielles, par exemple : Est-ce que nous devons faire commencer le nouveau manuel, comme a commencé celui d'Oxford, par un avant-propos ou par des principes généraux? Est-ce que notre manuel doit toucher à la manière de commencer une guerre? Quelles sont les instructions nationales qu'il serait utile d'examiner en les analysant en vue de la préparation de notre manuel? Est-ce que la convention n° IV de 1907, concernant les lois et coutumes de la guerre sur terre, peut être consultée avec fruit? Quelles sont les matières principales à régler et quel sera leur groupement naturel? Quelles prévisions des conventions de 1907 doivent être incorporées, après remaniement, dans notre manuel? »

2° M. Errera et M. Holland s'élèvent, en second lieu, contre le vote *en bloc* du projet de manuel par l'Institut dans sa session de Christiania (1). « Je crois, remarque à cet égard

(1) M. Holland a fait partager son opinion par ses collègues anglais de l'Institut de droit international. Ceux-ci, réunis à Londres le 16 février 1912, ont en effet voté cette résolution : « que la votation en bloc, sans discussion

M. Holland, que les questions dont nous allons nous occuper sont d'une si grande délicatesse et se prêtent à tant de controverses qu'il ne sera pas possible de les trancher par un vote de l'Institut sans discussion préalable, en séance plénière ». « Il serait certes utile de discuter à Christiania sur un projet tout fait, déclare de son côté M. Errera, mais encore faudrait-il réserver la liberté entière d'amendement, sinon notre session perdrait l'un de ses attraits en restreignant le champ de la discussion ».

Ces critiques sont-elles justifiées ?

1° J'examine d'abord le premier ordre de griefs. La procédure proposée est-elle vraiment trop hâtive ?

La guerre qui a éclaté entre l'Italie et la Turquie ne me semble pas, comme à M. Errera, une raison suffisante pour retarder la préparation du manuel. Elle serait plutôt, à mon sens, un motif d'en hâter l'élaboration. N'est-ce pas quand l'horizon politique s'assombrit qu'il est surtout nécessaire de rappeler aux Etats qu'il est dans la conduite de la guerre des principes de droit auxquels ils doivent se soumettre ? C'est précisément la guerre de 1877 entre la Turquie et la Russie qui décida l'Institut à donner une activité plus grande à son examen de la déclaration de Bruxelles et lui inspira l'idée, à la session de Bruxelles, de préparer un manuel des lois et coutumes de la guerre sur terre (1).

article par article, du projet d'un manuel des lois et coutumes de la guerre maritime dans les rapports entre les belligérants par l'Institut est tout à fait inadmissible ».

(1) V. *Annuaire de l'Institut de droit international*, t. III, p. 47. — M. Moynier disait, dans son rapport déposé à Bruxelles, en 1879, sur les prescriptions officielles des divers Etats relativement aux lois de la guerre : « La guerre d'Orient a été une expérience douloureuse... Il me paraît que l'Institut devrait poursuivre, dans les limites de sa compétence, l'accomplissement de ses vœux de La Haye, à commencer par celui-ci : « Il est désirable que les lois et coutumes de la guerre soient réglementées par

Les objections adressées par M. Holland sont-elles plus topiques ?

La première se résume en cette affirmation que l'Institut a mis six ans, de septembre 1874 à septembre 1880, pour préparer le manuel sur les lois et coutumes de la guerre sur terre et que dès lors il ne saurait n'employer qu'une année à confectionner un règlement sur les lois et coutumes de la guerre sur mer.

M. Holland me paraît avoir fait ici une confusion entre les diverses phases par lesquelles a passé l'élaboration du manuel d'Oxford. C'est seulement le 2 septembre 1879, à la suite d'un rapport de M. Moynier, que l'Institut résolut la rédaction d'un manuel pratique des lois de la guerre(1), et il a suffi d'une année à la 5me Commission pour mener à bien ce travail(2). Tout différent avait été, en réalité, jusque là, l'objet de la Commission : au mois de septembre 1874 elle avait été simplement chargée « d'étudier la déclaration faite par les délégués des Etats européens à Bruxelles touchant les lois et coutumes de la guerre et de présenter son avis et ses propositions supplémentaires sur ce sujet »(3), et en 1878 elle avait reçu

voie de convention, de déclaration ou d'accord quelconque entre les différents Etats civilisés ». Je souhaiterais que le bureau de l'Institut reçût le mandat exprès d'agir pour amener ce résultat désiré » (*Annuaire*, t. III, p. 318-319).

(1) *Annuaire*, t. III, p. 326.

(2) « Vous vous rappelez, disait, à l'ouverture de la session d'Oxford, le secrétaire général de l'Institut, M. Rivier, dans son rapport annuel, que la Commission d[illegible] M. Moynier est rapporteur a été chargée dans la dernière session d'u[illegible]che spéciale, déterminée, savoir de la confection d'un *manuel des* [illegible] *de la guerre*, destiné à être présenté aux gouvernements. M. Moynie[illegible]st mis à l'œuvre immédiatement... La Commission a entièrement rem[illegible] sa tâche.... En sanctionnant le projet de *manuel des lois de la guerre*, vous ferez une œuvre réellement et pratiquement utile » (*Revue de droit international et de législation comparée*, t. XII (1880), p. 647).

(3) *Revue de droit international et de législation comparée*, t. VII (1875), p. 438.

pour unique mission d'« étudier les codes et les règlements que les gouvernements de divers pays ont fait récemment rédiger pour leurs armées, et dans lesquels est prescrite l'observation des lois et coutumes de la guerre »(1). Le double mandat que recevait ainsi la 5e Commission en 1874 et en 1878 était évidemment, je le reconnais, de nature à faciliter l'élaboration d'un manuel sur la conduite de la guerre terrestre. Mais le travail qui s'imposait alors à l'Institut pour la règlementation de la guerre sur terre n'a t-il pas été déjà réalisé aujourd'hui pour celle de la guerre sur mer ? A l'heure actuelle, l'Institut se trouve en possession d'études approfondies faites, sur des points particuliers de la guerre maritime, tant par lui-même que par d'autres assemblées compétentes et aussi par les Etats. Faut-il, en effet, rappeler les résolutions qu'après des discussions prolongées l'Institut de droit international a adoptées sur le traitement de la propriété privée dans la guerre maritime (La Haye et Zurich, 1875-1877), sur les prises maritimes (Turin, Munich et Heidelberg, 1882-1883-1887), sur le bombardement des villes ouvertes par des forces navales (Venise, 1896), sur le régime légal des navires et de leurs équipages dans les ports étrangers en temps de paix et en temps de guerre (La Haye, 1898), sur les câbles sous-marins en temps de guerre (Bruxelles, 1902), sur le régime juridique de la télégraphie sans fil (Gand, 1906), sur les mines sous-marines (Paris et Madrid, 1910-1911) ? D'autre part, la deuxième Conférence de la Paix de 1907 a non seulement discuté nombre de questions intéressant la guerre maritime, mais elle a voté en cette matière d'importantes conventions qui constituent de précieux éléments d'information : conventions sur l'ouverture des hostilités, sur la transformation des navires de commerce en bâtiments de guerre, sur la pose de mines sous-marines de contact, sur le bombardement par des forces navales en temps de guerre, sur

(1) *Annuaire*, t. III, p. 311.

l'adaptation à la guerre maritime des principes de la convention de Genève, sur certaines restrictions à l'exercice du droit de capture dans la guerre maritime, sur le régime des navires de commerce ennemis au début des hostilités. Une Conférence tenue à Londres en 1908-1909 a abouti, en outre, à la signature d'une déclaration du 26 février 1909 relative au droit de la guerre maritime. Et ces travaux des Conférences de La Haye et de Londres ont fait l'objet, dans les divers pays, d'études doctrinales dues à la plume de jurisconsultes réputés. Enfin, si en 1878 il pouvait paraître utile à l'Institut de rechercher, pour les étudier, les prescriptions *récentes* édictées par les Etats sur les matières traitées par la déclaration de Bruxelles de 1874, parce qu'à raison du peu de temps écoulé ces prescriptions étaient nécessairement peu connues, pareille recherche ne s'impose pas aujourd'hui en ce qui concerne la guerre maritime: les Etats, en effet, ont, en ces dernières années, soit à l'occasion des guerres où ils étaient engagés, soit d'une manière permanente, rédigé à l'usage de leurs officiers de marine des instructions développées dont la plupart ont reçu une large publicité(1) : il n'était donc pas besoin d'un rapport spécial de l'Institut pour en faire état, et j'ai pu en fait m'en inspirer pour la préparation du manuel; j'ai pris ainsi en considération les instructions françaises de juillet 1870(2), le code italien de la marine marchande de 1877-1886, le règlement russe sur les prises maritimes du 27 mars 1895(3), le code de la guerre navale des Etats-Unis d'Amérique du 27 juin 1900

(1) Dans certains pays toutefois les instructions ont gardé un caractère confidentiel. L'Institut, malgré son autorité, ne saurait, bien entendu, plus que le public, en avoir connaissance.

(2) Barboux, *Jurisprudence du Conseil des prises*, p. 135-147.

(3) *Revue générale de droit international public*, t. IV (1897), Documents, p. 6.

(abrogé en 1904)[1], le règlement japonais sur les prises maritimes du 7 mars 1904[2].

Dans ses observations, M. Holland a dit en second lieu qu' « avant même de mettre la main à l'œuvre il faudrait répondre à certaines questions préjudicielles » qu'il indique. Mais n'est-ce pas justement ce que j'ai fait en adressant aux membres et aux associés de l'Institut, en les priant d'y répondre dans un court délai, mon questionnaire du 12 octobre 1911 ? Dans ce questionnaire, j'ai, effectivement, interrogé mes collègues, comme M. Holland en exprime le vœu, sur les dispositions du règlement de La Haye relatif aux lois et coutumes de la guerre sur terre et sur les autres questions non prévues par lui, qu'il y aurait lieu de faire figurer dans le manuel, et sur l'ordre dans lequel il faudrait mettre les matières qui doivent y trouver place.

2° Le second genre de griefs adressé à la procédure consacrée par la Commission de Paris se rapporte au vote *en bloc* du projet par l'Institut. Quelle valeur faut-il lui reconnaître ?

Quoique la Commission de Paris ait reçu en 1910 de ceux qui l'ont nommée le mandat d' « organiser la discussion par l'Institut des études qui présenteraient la plus grande utilité comme préparatoires à la Conférence de la Paix », je ne crois pas qu'en se prononçant en faveur d'un vote d'ensemble du projet de manuel son intention ait été d'*imposer* à l'Institut de droit international cette manière de procéder ; c'est, à mon sens, une simple proposition qu'elle formulait, un conseil qu'elle lui donnait et sur lequel il aura à se prononcer dans sa session de Christiania. Mais j'estime, à l'encontre de MM. Errera et Holland, que cet avis mérite d'être suivi.

Le vote en bloc me paraît d'abord indispensable si on veut

(1) *Revue générale de droit international public*, t. IX (1902), Documents, p. 1, et t. XIV (1907), Documents, p. 1.

(2) *Revue générale de droit international public*, t. XII (1905), p. 613.

aboutir à un résultat. Un examen détaillé du projet en séance plénière ne serait pas sans dangers. Comme le disait M. Moynier en 1880 à propos du projet de manuel d'Oxford, « on ne peut s'empêcher de concevoir quelques appréhensions au sujet de cette épreuve : tout se lie dans le manuel, qui forme un ensemble coordonné rationnellement, et cette unité n'a pas été obtenue sans beaucoup de labeur si bien qu'une addition ou un retranchement quelconque, proposé à l'improviste, risquerait de déranger l'équilibre du projet »(1).

S'il est désirable que l'Institut aboutisse, il convient, d'autre part, qu'il aboutisse dans sa réunion de 1912. Or une étude du projet, article par article, par la discussion prolongée qu'elle entraînerait nécessairement, occuperait non pas même toutes les séances de la session de Christiania, mais plusieurs sessions de l'Institut. La situation est ici un peu particulière. La Commission de Paris, en décidant la confection d'un manuel sur les lois et coutumes de la guerre maritime, s'est proposé de préparer l'œuvre de la 3e Conférence de la Paix ; ce qu'elle a voulu, c'est que les puissances eussent connaissance du manuel avant qu'elles-mêmes eussent délibéré sur le programme de cette Conférence. Or, d'après la déclaration qui termine l'Acte final de la deuxième Conférence de la Paix, la nouvelle assemblée de La Haye doit se tenir en 1915, et c'est « environ deux ans avant », c'est-à-dire en 1913, qu'un Comité préparatoire sera formé par les gouvernements pour en dresser et étudier le programme.

Un vote d'ensemble du règlement ferait-il par hasard litière des prérogatives de l'Institut ? Etant donné les conditions d'élaboration du manuel, ce danger n'est pas à craindre. Le texte doit en être préparé par le rapporteur après l'avis de *tous* les membres et de *tous* les associés et, une fois dressé, il doit,

---

(1) Rapport de M. Moynier au sujet du projet de manuel d'Oxford. *Annuaire*, t. V, p. 153.

avant tout examen, être de nouveau soumis à leur appréciation, puis remanié suivant leurs observations. Le règlement sera ainsi comme une émanation du corps savant tout entier. En acceptant en bloc ses dispositions, les membres présents à Christiania ne feront donc qu'enregistrer l'opinion de l'Institut préalablement donnée. C'est bien plutôt le vote après une discussion article par article, en séance plénière, qui porterait atteinte aux droits de l'Institut, puisqu'à ce vote, qui sans aucun doute aboutirait à des changements, ne prendrait part qu'un nombre restreint de membres : c'est alors la minorité qui ferait la loi à la majorité.

Le vote en bloc du projet ne serait pas, au surplus, une innovation. L'Institut a procédé de cette façon à [illegible] lord pour l'adoption du projet de manuel sur les lois et coutumes de la guerre sur terre. « Sur la proposition de M. Neumann, porte le procès-verbal de la séance du 9 septembre 1880, l'assemblée décide que la votation aura lieu en bloc, sur tous les articles du manuel. La votation a lieu par appel nominal. Le projet est adopté à l'unanimité, avec son avant-propos » (1).

Est-ce à dire, cependant, qu'il faille proscrire à Christiania, avant le vote sur l'ensemble, toute discussion générale, tout échange de vues ? Je ne le pense pas. Il n'y aurait, à mon sens, que tout profit pour la science à ce que chacun des membres de l'Institut pût développer en toute liberté ses opinions personnelles au sujet des importantes questions que le règlement est appelé à trancher.

En réalité, en proposant à la Commission de Paris la procédure qu'elle a acceptée, j'ai voulu m'inspirer de celle que l'Institut avait suivie pour la préparation de son manuel de 1880 ; et, quoiqu'en dise M. Holland, je ne crois pas qu'à cet égard je me sois abusé. Il me semble qu'il suffit de mettre en regard les deux procédures pour voir qu'elles sont iden-

(1) *Annuaire*, t. V, p. 156.

tiques. C'est, je l'ai dit, le 2 septembre 1879 que l'Institut chargea M. Moynier de rédiger un manuel des lois et coutumes de la guerre sur terre, et il fut décidé que son travail serait communiqué à tous les membres et associés de l'Institut : ce qui fut fait le 15 février 1880; la 5e Commission ayant eu l'occasion de se réunir au mois de juin à Heidelberg, le projet lui fut aussi soumis, et M. Moynier, profitant des observations de ses collègues, fit subir certaines retouches à son travail. Ainsi remanié, celui-ci a été envoyé de nouveau aux membres et aux associés et, présenté en septembre 1880 à la session d'Oxford, il y a été voté en bloc, puis communiqué, avec les éléments de son élaboration, aux divers gouvernements de l'Europe et de l'Amérique(1). Telles sont bien, à peu de choses près, les phases par lesquelles doit passer le manuel des lois et coutumes de la guerre maritime. Voici, en effet, comment M. Edouard Rolin, rapporteur de la Commission de Paris, en résume à cet égard les résolutions : « Muni des réponses à son questionnaire, le rapporteur fera un rapport et dressera un projet de manuel ; le projet de manuel sera communiqué aux membres de la Commission spéciale ; puis, après examen par celle-ci, aux membres et associés de l'Institut en les priant de répondre promptement ; le projet, modifié s'il y a lieu, d'après les réponses, sera soumis dans son ensemble au vote de l'Institut à Christiania et adressé, avec les éléments de son élaboration, aux gouvernements représentés à La Haye en 1907 ». Dans son rapport, M. Rolin a, d'ailleurs, taxé lui-même cette procédure d' « analogue à celle qui fut adoptée pour l'élaboration du manuel d'Oxford, dont le règlement des lois et coutumes de la guerre sur mer doit constituer en quelque sorte le pendant »(2).

(1) V. *Annuaire*, t. III, p. 327 et t. V, p. 150 et suiv.

(2) Rapport de M. Edouard Rolin, *Revue de droit international et de législation comparée*, 2e série, t. XIII (1911), p. 594-595.

## II

## Forme du manuel

Au point de vue de la forme à donner au manuel, une double question se pose : 1° De quelle manière faut-il diviser le règlement : doit-on, pour établir celui-ci, suivre l'ordre des chapitres et des articles du règlement de La Haye du 18 octobre 1907 concernant les lois et coutumes de la guerre sur terre, ou convient-il de distribuer les matières d'après un plan particulier? 2° Sous quelle forme faut-il tenir compte dans le manuel des diverses conventions de La Haye qui doivent y trouver place : doit-on procéder par un simple renvoi à ces conventions ou insérer le texte même de leurs articles?

I. DIVISION DU MANUEL. — A ce sujet, trois opinions se sont fait jour.

M. Westlake pense que la question est sans intérêt : « Je n'attache pas, dit-il, assez d'importance à l'ordre et à la distribution des matières à traiter dans le nouveau manuel pour avoir une opinion arrêtée là-dessus ».

Les autres membres dont j'ai reçu les réponses considèrent, au contraire, que ce problème mérite examen; mais ils se divisent sur la solution à lui donner.

Les uns, — MM. Edouard Rolin, de Boéck, de Bustamante, Kleen, de Louter, Dupuis et Harburger, — avec des nuances diverses, estiment qu'il convient de suivre, pour le manuel sur les lois et coutumes de la guerre maritime, l'ordre des sections, des chapitres et autant que possible celui des articles du règlement de La Haye. — « Il est désirable, déclare M. Edouard Rolin, que les deux règlements de la guerre sur terre et de la guerre sur mer soient d'une construction en quelque sorte parallèle, devant être ainsi compris et appliqués parallèlement ». — « Il faut, dit M. de Boeck, faire avant tout une œuvre pratique de codification, non une œuvre doctrinale et scientifique. Soldats et marins, officiers de l'armée de terre et de l'armée de mer peuvent être appelés à coopérer à une action militaire ou navale commune : si l'action est navale, ils devront se conformer au règlement de la guerre maritime ; si l'action est militaire, ils devront obéir aux prescriptions relatives à la guerre terrestre ». — « La plus grande égalité possible dans la forme extérieure des règlementations terrestre et maritime, remarque enfin M. de Bustamante, permettra, dans un délai plus ou moins court, la fusion des deux règlements en un seul et, partant, l'application des mêmes principes fondamentaux à la guerre, non seulement sur terre et sur mer, mais encore dans les airs ». — M. Harburger est moins catégorique, et c'est en quelque sorte à regret qu'il se prononce en faveur de la division adoptée par le règlement de La Haye : « Quant à l'ordre des chapitres et des articles, je préférerais en général le système suivi par le manuel de l'Institut [manuel d'Oxford de 1880, sur les lois et coutumes de la guerre sur terre], parce que, à mon avis, il est plus logique et plus clair que celui du règlement de La Haye ; mais, en considération du fait que la Conférence de La Haye s'en est écartée sciemment, on ne peut guère espérer qu'elle y reviendra, de sorte que je propose de conserver l'ordre du dit règlement ».

Par contre, MM. Holland, Oppenheim et Kaufmann se prononcent énergiquement contre le plan admis à La Haye ; les deux derniers présentent même à cet égard des projets de classification. — M. Holland est très-formel : « Je ne suis pas d'avis qu'il soit possible de suivre l'ordre des chapitres et des articles du règlement de La Haye concernant les lois et coutumes de la guerre sur terre. Les questions qui peuvent se présenter dans une guerre maritime diffèrent *toto cœlo* de celles que font surgir les hostilités sur terre. Les principes applicables à la solution des deux espèces de questions diffèrent ainsi ». — « Certains changements dans l'ordre des sections et chapitres du règlement de La Haye me semblent indiqués », dit M. Kaufmann ; et l'honorable membre insinue que le manuel devrait être conçu d'après le plan suivant : I. Théâtre de la guerre maritime. II. Navires bélligérants. III. Personnel belligérant. IV. Des hostilités (1° commencement; 2° des moyens de nuire à l'ennemi ; 3° navires ennemis [de guerre, publics, privés] et cargaisons ennemies ; 4° personnel des navires ennemis ; 5° régime des navires de commerce ennemis au début des hostilités ; 6° bâtiments-hôpitaux, personnel religieux, médical, hospitalier des bâtiments capturés ; naufragés, blessés, malades ; 7° navires parlementaires et parlementaires ; 8° espions [navires espions?] ; 9° procédure de l'arrêt, de la visite, de la saisie, de la conduite au port de prises ennemies ; 10° invasion, de l'autorité militaire sur le territoire de l'Etat ennemi. V. Prisonniers de guerre. VI. Capitulations. VII. Armistice, terminaison des hostilités. VIII. Du caractère ennemi des navires et des marchandises trouvées à bord. IX. Du transfert de pavillon. X. Procédure et jugement des tribunaux de prises. XI. Suppression des parts de prises attribuées aux équipages des bâtiments capteurs. — C'est aussi une distribution nouvelle des matières que propose M. Oppenheim. A son sens, le règlement devrait être divisé en 16 chapitres, ainsi intitulés : 1° Attaque des navires ennemis ; 2° Saisie des navires ennemis ; 3° Immunité de certains navires ennemis ; 4° Arrestation des navires marchands ennemis ; 5° Destruction des navires marchands ennemis ; 6° Violence contre les combattants ; 7° Violence contre les non-combattants membres des forces navales ; 8° Violence contre des individus ennemis n'appartenant pas aux forces ennemies ; 9° Traitement des blessés et des naufragés ; 10° Espionnage ; 11° Trahison ; 12° Ruses ; 13° Réquisitions ; 14° Contributions ; 15° Bombardement des côtes ennemies ; 16° Traitement des câbles télégraphiques sous-marins.

Je pense que MM. Holland, Oppenheim et Kaufmann ont

raison lorsqu'ils se prononcent contre l'ordre du règlement de La Haye. Celui-ci cadre en effet assez mal avec les questions que fait naître la guerre maritime, dont les évènements sont en définitive fort différents de ceux de la guerre sur terre. Et, d'autre part, il n'est rien moins que logique. N'est-il pas, par exemple, singulier de traiter des prisonniers de guerre, des blessés et des malades au début même du texte, avant qu'il ait été question de la conduite des hostilités, alors que cette situation particulière des belligérants est une conséquence de celles-ci ? Je crois qu'un enchaînement méthodique des matières exige qu'après avoir parlé du théâtre et du commencement des hostilités maritimes on indique qui peut être considéré comme belligérants dans la guerre sur mer, et qu'ayant ainsi déterminé les choses et les personnes, susceptibles de prendre part à la lutte, on en vienne à étudier la lutte elle-même, dans ses moyens et dans ses effets, tant sur les choses que sur les personnes, en se plaçant successivement sur la mer libre et en territoire occupé. Mais, dans la guerre, il n'y a pas entre les belligérants que des rapports de violence, il est possible qu'interviennent entre eux certaines conventions, et toujours le droit apparaîtra finalement pour donner la légalité aux faits de la force : après l'étude des hostilités il faudra donc s'occuper des conventions entre belligérants, des formalités de la saisie et du jugement des prises. Voici, dès lors, comment, d'après moi, il conviendrait de diviser le manuel. Une première section (qui n'a pas son correspondant dans le règlement de La Haye) traiterait du *théâtre* et du *commencement des hostilités*. Une section II (parallèle au chapitre I de la section I du règlement de 1907) indiquerait ce qu'il faut entendre par *belligérants*. Des sections III, IV, V et VI, relatives à la conduite des hostilités, s'occuperaient successivement des *moyens de nuire à l'ennemi* (chapitre I de la section II du règlement de La Haye); des *droits et devoirs du belligérant vis-à-vis des choses de l'ennemi;* des *droits et devoirs du belligérant vis-à-vis des personnes de l'ennemi* (où il serait question notamment du personnel hospitalier, des parlementaires, des espions, des prisonniers de guerre, des blessés, malades et naufragés et des morts : chapitres II et III, section Ire; chapitres II et III, section II du règlement de 1907), des *droits et devoirs du belligérant en territoire occupé* (correspondant à la section III). La septième section (analogue aux chapitres IV et V de la section II) serait consacrée aux *conventions entre belligérants* et à la *fin des hostilités*. Enfin, dans une dernière section, on stipulerait quelques principes concernant *les formalités de la saisie et le jugement des prises*.

Mais ce plan, assurément plus logique que celui du manuel des lois et coutumes de la guerre sur terre, ne mérite-t-il pas les objections d'ordre pratique que font valoir les adversaires de tout changement ? J'estime que ceux-ci exagèrent quelque peu les inconvénients d'un plan distinct pour le règlement maritime et pour le règlement terrestre. L'étendue du manuel ne sera pas telle que les personnes les moins expérimentées ou les plus habituées au règlement de la guerre sur terre ne puissent s'y retrouver, et les différences proposées ne sont pas en définitive si considérables qu'elles équivalent à un bouleversement. Les divisions du nouveau manuel sont plus précises et plus adéquates aux sujets dont elles traitent que celles du règlement de 1907 : les recherches y seront en conséquences plus faciles. Il serait, d'ailleurs, possible de les rendre encore plus aisées en indiquant — ce que j'ai fait — en tête de chaque article l'objet même de celui-ci : alors, par un simple coup d'œil on trouvera de suite la disposition qui intéresse. Il me semble qu'on risquerait plutôt la confusion, à vouloir faire rentrer certaines matières spéciales à la guerre maritime sous des titres qui leur seraient plus ou moins étrangers. M. de Bustamante se fait, je le crains, quelque illusion en croyant qu'un jour peut venir où seront fondus en un seul les règlements relatifs à la guerre sur terre, à la guerre sur mer et à la guerre dans les airs. Mais, si cette fusion doit jamais se produire, je ne vois pas en quoi elle serait facilitée par l'unité de plan des divers règlements : même dans des manuels différemment ordonnés il sera aisé de trouver, pour les réunir, les dispositions communes; et il y aura toujours pour chaque matière des règles spéciales qui exigeront dans un règlement unique des chapitres distincts. M. Westlake estime d'ailleurs, comme moi, chimérique l'idée d'un manuel unique pour la guerre maritime et pour la guerre continentale : « Il y a une différence si grande entre les situations qui se produisent dans la guerre de terre et dans la guerre de mer qu'il serait très incommode, même impossible sans le sacrifice complet de la clarté de la rédaction, de réunir sous des seules et uniques formules les règles à appliquer à ces diverses situations. Il faut qu'il y ait deux manuels ».

II. Insertion des conventions de La Haye. — La Conférence de La Haye a adopté un certain nombre de conventions qui sont susceptibles de s'appliquer à la guerre maritime ou qui l'intéressent directement : on peut citer parmi ces dernières celle relative à la transformation des navires de commerce en bâtiments de guerre et celle concernant l'adaptation à la guerre maritime des principes de la convention de Genève. Les dispositions de ces conventions devront évidemment avoir leur place dans le manuel. Mais de quelle façon faudra-t-il en tenir compte ?

J'incline à penser qu'il ne faut pas se borner à faire un simple renvoi aux dispositions des conventions applicables à la guerre maritime, mais qu'il convient d'en insérer le texte dans le manuel, et j'estime qu'il faut en agir ainsi pour toutes les conventions sans distinction. Le manuel doit, en effet, former un tout complet, qui se suffise à lui-même. Telle est, au surplus, l'opinion manifestée par M. Holland, M. Kleen et M. Kaufmann.

M. de Louter, M. Dupuis et M. Edouard Rolin, tout en admettant en principe la reproduction des conventions mêmes, font quelques réserves. M. de Louter est d'avis qu'en ce qui touche la matière des prisonniers de guerre et celle des malades et blessés on pourrait procéder par un simple renvoi au chapitre II section I du règlement de La Haye du 18 octobre 1907 sur les lois et coutumes de la guerre sur terre et à la convention de La Haye du même jour sur l'adaptation à la guerre maritime des principes de la convention de Genève. M. Edouard Rolin et M. Dupuis expriment une pensée semblable, mais seulement pour ce qui a trait à la situation des malades et des blessés. « Un simple renvoi, observe ce dernier, paraît insuffisant. L'intérêt du manuel projeté semble consister surtout dans le groupement des dispositions qui doivent être connues des belligérants; ce groupement est une simplification et une classification de règles qui ont d'autant plus de chances d'être connues et appliquées qu'elles se présenteront sous une forme moins compliquée. Seule la convention concernant les secours aux malades et blessés pourrait faire l'objet d'un simple renvoi, à raison de son objet très spécial et du fait qu'il a été ainsi procédé dans le règlement de La Haye de 1907 sur les lois et coutumes de la guerre sur terre ».

C'est à un autre système que s'est rallié M. Harburger : « En ce qui concerne les règles touchant la guerre maritime qui ont fait l'objet à La Haye de conventions spéciales, il me semble, dit-il, qu'un simple renvoi à ces conventions serait insuffisant, parce qu'il est nécessaire de mettre entre les mains des officiers de la marine un manuel complet. Mais, d'autre part, si l'on insérait dans le manuel le texte même des articles de ces conventions, il serait à craindre que, s'il s'agissait un jour de modifier les dispositions d'une de ces conventions, la nécessité de modifier simultanément le manuel n'en augmentât les difficultés. On ne ferait pas bien toutefois de modifier seulement les dispositions des conventions qui n'ont pas été insérées dans le manuel, puisqu'on ne peut réussir qu'en réformant toute la matière à la fois. C'est pourquoi je propose d'ajouter au manuel une annexe contenant les dispositions les plus importantes des conventions et une clause expresse disant que des modifications futures auront de plein droit leur effet sur l'annexe du manuel. Il va sans dire qu'il faudrait aussi insérer dans le manuel un renvoi à l'annexe ».

III

## Contenu du manuel

Il résulte des termes du vœu émis en 1907 par la deuxième Conférence de la Paix et des travaux préparatoires qui l'ont amené[1] que les puissances avaient la volonté d'élaborer un règlement concernant la guerre maritime sur les bases du celui relatif à la guerre sur terre. Dans la préparation de son manuel, l'Institut, qui entend mettre en œuvre le vœu de la Conférence de La Haye, doit donc retenir du règlement du 18 octobre 1907 sur les lois et coutumes de la guerre continentale toutes les dispositions qui peuvent être appliquées à la guerre maritime. C'est, du reste, ainsi, on l'a vu[2], que l'avait compris en 1907 le rapporteur de la 4me Commission, M. van Karnebeek; et c'est également en ce sens que se sont prononcés la plupart des membres et associés de l'Institut ayant répondu à mon questionnaire. MM. Harburger, de Louter, Kleen, de Bustamante, Edouard Rolin, de Boeck, Westlake, Dupuis et Kaufmann sont à cet égard tout à fait formels. « Il me semble, dit le premier, que la plupart des dispositions du règlement de La Haye peuvent être déclarées applicables aux opérations de la guerre sur mer ». « Quant aux questions à traiter, déclare le

---

(1) V. ci dessus, p. 1-3.
(2) V. ci-dessus, p. 2.

dernier, je recommande que l'Institut prenne en considération le règlement de La Haye de 1907 concernant les lois et coutumes de la guerre sur terre ». Un seul membre, M. Holland, a fait opposition à cette idée, car il déclare : « Le règlement de 1907, par rapport à sa méthode comme par rapport à son contenu, sera pour nous un embarras plutôt qu'une aide... Notre projet, sous tous les rapports, doit être entièrement nouveau »(1).

S'il convient de prendre comme point de départ de la réglementation de la guerre maritime la réglementation de la guerre terrestre faite en 1907 par la Conférence de la Paix, il ne faut pas cependant négliger, au point de vue des questions que le manuel doit comprendre, les dispositions que les Etats, par leurs règlements nationaux ou par des dispositions conventionnelles, ont adoptées spécialement en ce qui concerne les hostilités maritimes. Ces règles devront figurer dans le manuel, car elles ont trait précisément aux matières mêmes dont celui-ci doit s'occuper. C'est ainsi, par exemple, qu'il faudra avoir égard aux articles du code naval des Etats-Unis promulgué en 1900 et à ceux des différents accords touchant le droit maritime votés en 1907 et en 1909 par la deuxième Conférence de la Paix ainsi que par la Conférence navale de Londres.

Mais, ici, une question se pose. Ces articles, de même d'ailleurs que ceux du règlement de 1907 sur les lois et coutumes de la guerre sur terre, doivent-ils être insérés dans le manuel tels que les instructions nationales ou les actes diplomatiques les ont formulés ? L'Institut n'aura-t-il pas au contraire à leur faire subir, quant au fond, les modifications

---

(1) Dans une réunion tenue à Londres le 16 février 1912, les membres anglais de l'Institut de droit international se sont ralliés à l'opinion de M. Holland en décidant « que la convention de La Haye concernant les lois et coutumes de la guerre sur terre ne peut servir de guide convenable dans la préparation d'un manuel des lois et coutumes de la guerre maritime ».

qui doivent dans sa pensée constituer des améliorations? Cette question a été résolue diversement par mes honorables collègues. De tous les membres et associés de l'Institut qui m'ont répondu M. Edouard Rolin parait être celui qui s'est montré le plus opposé aux innovations : « Rien, dit-il, n'empêchera l'Institut d'indiquer les améliorations qu'il jugera les plus nécessaires de façon à ce que la prochaine Conférence de la Paix puisse, si elle le juge convenable, les introduire dans le règlement de la guerre sur terre, en même temps qu'elle les inscrirait dans le règlement de la guerre maritime. Mais j'estime qu'il importe de n'indiquer que des desiderata extrêmement modérés, afin de ne pas nuire par trop d'exigences à l'œuvre essentielle dont nous devons poursuivre la réalisation. Cette œuvre consiste à faire consacrer pour la guerre maritime un droit écrit comme il existe à présent pour la guerre sur terre, et si notre projet s'en tient aux principes aujourd'hui consacrés pour la guerre sur terre, nous aurons évidemment une grande chance de voir la prochaine Conférence de la Paix s'engager avec décision dans la voie dont l'Institut lui aura aplani l'accès.... Je suis d'avis de ne faire subir aux dispositions admises par la Conférence de La Haye sur le droit maritime, que nous introduirions dans le manuel, aucune modification quelconque, toute réserve étant faite au surplus quant aux modifications dont l'Institut les jugerait susceptibles et dont quelques unes ont déjà été indiquées par lui en ce qui concerne les mines sous-marines ». Tout en étant plus hardi que M. Edouard Rolin, M. Dupuis est aussi partisan d'une certaine réserve : « Il ne semble pas qu'il y ait lieu d'interdire à l'Institut d'améliorer les dispositions arrêtées à La Haye. Mais, en vue d'assurer le vote en bloc du projet de manuel, il sera prudent de s'en tenir aux améliorations qui ne paraissent pas devoir provoquer d'opposition. Sur les points controversés, des modifications ou additions pourraient sans doute être proposées, mais il conviendrait, semble-t-il, qu'elles le fussent, en quelque sorte, à côté du projet de manuel, de façon à pouvoir être admises ou rejetées sans que le sort du manuel entier fût lié au leur. Elles pourraient faire l'objet de votes séparés soit avant soit après le vote sur l'ensemble ». D'autres membres et associés sont moins timorés. « Il ne serait pas rationnel, dit M. Kleen, que l'Institut répétât dans le règlement nouveau ce qu'il jugerait fautif ou sujet à amélioration dans le règlement ancien pas plus quant à la forme et aux termes qu'au contenu et aux règles ». M. de Bustamante est à cet égard très explicite : « Mon opinion est que l'Institut, en prenant comme base de son manuel les dispositions utiles du règlement de 1907, doit leur faire supporter quant au fond les modifications qui, à son avis, lui paraissent des améliorations. L'Institut ne poursuit sûrement pas le petit et passager succès d'avoir bien préparé un avant-projet pour la 3me Conférence de la Paix, mais bien celui, brillant et définitif, d'avoir servi d'instrument, une fois de plus, à la conscience juridique du monde civilisé... Certains des articles des arrangements de La Haye relatifs au droit maritime doivent être également modifiés, l'Institut faisant à l'avance la révision probable des futures Conférences officielles ». M. Kaufmann reconnaît, à son tour, à l'Institut le droit de faire subir aux conventions spéciales dont le texte sera rapporté les modifications qui lui semblent urgentes et de grande importance. Je crois, avec la majorité de mes savants collègues, que l'Institut ne doit pas effectivement se borner à reproduire simplement dans son règlement les dispositions antérieures applicables à la guerre maritime mais qu'il doit y apporter les changements qu'il tient pour désirables.

Peut-il faire plus encore ? Il se peut qu'en dehors des questions prévues dans le règlement de La Haye sur les lois et coutumes de la guerre sur terre et de celles tranchées par des instructions nationales ou des conventions particulières à la guerre maritime, il en existe d'autres relatives à cette guerre, que les puissances n'aient pas encore résolues par un texte formel. Faudra-t-il s'en occuper dans le manuel ? On trouve ici entre les membres et les associés de l'Institut la même dissidence que sur le point qui précède. Si M. Edouard Rolin est hostile à l'étude de ces questions, la plupart des autres membres ou associés s'y montrent favorables. Certains, comme M. de Louter, M. Kleen, M. de Boeck, M. de Bustamante, M. Harburger, indiquent même les problèmes qu'il conviendrait d'examiner. M. de Boeck n'hésite pas à demander, avec MM. Kleen et de Bustamante, que la règle de l'inviolabilité de la propriété privée ennemie sur mer soit proclamée dans le manuel bien que les conventions de La Haye sur la guerre maritime ne l'aient point édictée. D'autres questions sont encore signalées. Ce sont celle de l'usage de la télégraphie sans fil sur les navires marchands ennemis, une fois consacré le principe de l'inviolabilité de la propriété privée (MM. de Bustamante et de Boeck) ; celle de la transformation en pleine mer des navires de commerce en navires de guerre et de leur retransformation (MM. de Louter et de Boeck) ; celle de la situation des marins pendant la traversée du moment de leur capture à celui de leur internement (MM. de Boeck et Harburger) ; celle des aéroplanes et des hydro-aéroplanes, auxiliaires de l'armée navale (M. de Boeck) ; celle de la validité des contrats d'assurances, spécialement des contrats d'assurances contre les risques de guerre, concernant des navires de commerce et des marchandises en mer de ressortissants *ennemis* (M. Kaufmann) ; celle des règles à observer par un bélligérant quant à la manière d'opérer envers les ennemis naufragés, ou des bâtiments de guerre ennemis en détresse avant qu'ils soient tombés en son pouvoir (M. Harburger) ; celle des règles à observer par un bâtiment de guerre isolé ou par une escadre qui en pleine mer rencontre un vaisseau transportant une partie de l'armée ennemie (affaire du *Kowshing*, dans la guerre de 1894 entre la Chine et le Japon) (M. Harburger). Mon avis est également qu'il faut prévoir dans le manuel les questions relatives à la guerre maritime qui n'ont pas été antérieurement résolues : le règlement de l'Institut doit être aussi complet que possible.

J'ai dit, au début de ce rapport(1), qu'il convenait de bien délimiter l'objet du travail qui s'imposait à l'Institut. Cette règle ne doit pas être perdue de vue dans le choix des matières qu'il faut y comprendre, soit qu'on les emprunte à des conventions déjà existantes, soit qu'elles soient toutes nouvelles. Les seules matières qu'on puisse retenir sont exclusivement celles qui ont trait aux relations des belligérants entre eux en ce qui touche les lois et coutumes de la guerre; il y aura donc lieu d'écarter toutes celles qui intéressent uniquement les neutres ou qui les concernent au moins autant que les belligérants. C'est ce qui fait qu'avec M. Kleen, et contrairement au sentiment de M. Kaufmann, je pense que l'Institut ne doit toucher aux règles de la procédure et du jugement des prises que dans la mesure où cela est absolument indispensable : des règles détaillées ne seraient pas ici à leur place; on doit se borner à l'indication de quelques principes essentiels. Il en sera de même en ce qui concerne la matière du blocus et celle de la contrebande de guerre. Enfin, on ne rappellera, parmi les dispositions de la déclaration navale de Londres, que celles qui peuvent recevoir leur application dans les seuls rapports entre belligérants. C'est pour un motif semblable qu'il ne me paraît pas expédient de prévoir dans le manuel, comme le demande M. Harburger, « le devoir des parties belligérantes et de leurs forces de terre et de mer d'observer les droits des puissances et des personnes neutres garantis par les deux conventions n^os V et XIII du 18 octobre 1907 » et « la situation des troupes et des individus appartenant aux forces armées des belligérants

(1) V. ci-dessus, p. 6 et suiv.

qui se réfugient sur le territoire d'un Etat neutre ». Le régime des phares en temps de guerre doit également rester en dehors du règlement de l'Institut (1).

Le manuel devant s'occuper exclusivement des lois et coutumes de la guerre maritime dans les rapports entre belligérants, il convient, d'autre part, de n'y point examiner les effets de la guerre sur les droits privés des particuliers ressortissants des Etats belligérants. J'estime, en conséquence, que la question de la validité des contrats d'assurances contre les risques de guerre, indiquée par M. Kaufmann, ne devrait pas figurer dans le projet de règlement. Pour la même raison il y a lieu d'en exclure la disposition de l'article 23$^{h}$ du règlement de La Haye du 18 octobre 1907, sur les lois et coutumes de la guerre sur terre, relative à l'extinction, à la suspension ou à la non recevabilité en justice des droits et actions des nationaux de la partie adverse (2).

Il me faut encore répondre à une dernière question. Ne conviendrait-il pas de faire précéder le manuel des lois et coutumes de la guerre maritime d'un exposé de principes ou d'un avant-propos ? Je ne le pense pas, et en cela je me trouve en communion d'idées avec M. Holland. C'est, selon moi, sans motifs sérieux que l'Institut a procédé de la sorte pour le manuel d'Oxford. Le document qu'il s'agissait alors de rédiger et celui qu'il faut

---

(1) Rapport de M. Edouard Rolin, *Revue de droit international et de législation comparée*, 2e série, t. XIII (1911), p. 599.

(2) Cette question, comme celle de la validité des contrats d'assurances, a trait aux effets de la guerre sur les droits privés des particuliers ressortissants des Etats belligérants. Pareil sujet a, d'ailleurs, été soumis par l'Institut de droit international à l'étude d'une Commission spéciale antérieurement constituée (17e Commission : Effets de la guerre sur les conventions internationales et sur les contrats privés). — Rapport de M. Edouard Rolin, *Revue de droit international et de législation comparée*, 2e série, t. XIII (1911), p. 593 et 598.

maintenant élaborer sont en définitive destinés à être mis entre les mains des militaires. Or ce qui importe à ceux-ci, c'est d'avoir sous les yeux, non pas des formules théoriques, d'un caractère plus ou moins philosophique, mais des sentences claires et brèves dont ils puissent facilement se pénétrer. Un avant-propos indiquant l'utilité d'un règlement sur les lois et coutumes de la guerre maritime n'est pas davantage nécessaire : cette utilité étant reconnue par tous, il n'est nullement besoin de la proclamer d'une manière particulière.

Ce serait donner à ce rapport une étendue excessive que d'y faire le commentaire de chacune des dispositions que comprend le manuel. Il est cependant une question dont il faut mentionner ici la solution, car c'est la principale que soulève la règlementation de la guerre maritime : son importance est telle qu'elle rayonne en quelque sorte sur le projet tout entier et touche à sa structure même.

La propriété privée ennemie, individuelle ou collective, est, en règle générale, respectée et ne peut être confisquée dans la guerre continentale : proclamé par tous, comme une conséquence de la notion moderne de la guerre, qui est une relation d'État à État, non d'individu à individu, ce prinoipe a été sanctionné expressément par la deuxième Conférence de la Paix dans les articles 23 et 46 de son règlement sur les lois et coutumes de la guerre sur terre. Il en va tout autrement dans la guerre navale. La pratique des Etats admet que, sur mer, les navires privés ennemis ainsi que la marchandise ennemie sous pavillon ennemi peuvent être saisis et confisqués par les belligérants, et la Conférence de La Haye de 1907 n'a point modifié cet état de choses : la proposition présentée par les Etats-Unis d'Amérique. en vue d' « exempter, en mer, de capture ou de saisie la propriété privée de tous les citoyens » ne put réunir en effet l'unanimité des suffrages. Devais-je consacrer cette dernière théorie dans le projet de manuel?

La question de la saisissabilité ou de l'inviolabilité de la propriété privée ennemie sur mer n'est pas pour l'Institut de droit international une question nouvelle. A trois reprises, en 1875 à La Haye, en 1877 à Zurich, en 1887 à Heidelberg, il s'en est occupé, et chaque fois il a recommandé le principe de la liberté. Ses décisions sont sans doute déjà anciennes; mais il est peu vraisemblable qu'il renonce à ses aspirations : c'est parmi les jurisconsultes du droit des gens que l'Institut choisit ses membres et ses associés, or aujourd'hui la majorité d'entre eux se déclarent partisans, au point de vue que j'envisage, de l'assimilation de la guerre maritime à la guerre terrestre. Dans ces conditions, il m'a paru que, dans un projet rédigé au nom de l'Institut, je ne pouvais — faisant abstraction de mes préférences personnelles — proclamer une autre règle que celle du respect de la propriété privée ennemie naviguant sous pavillon ennemi. C'est, d'ailleurs, la ligne de conduite que m'a tracée elle-même la Commission d'élaboration du règlement, réunie à Paris au mois d'octobre 1911 : « La Commission, déclare dans son rapport M. Edouard Rolin, a émis l'avis que la question de l'immunité de la propriété privée ennemie sur mer, *en faveur de laquelle l'Institut s'est prononcé à plusieurs reprises*, doit être considérée comme rentrant dans le règlement prévu sur les lois et coutumes de la guerre maritime »(1). Et c'est en ce sens que se sont aussi prononcés la plupart de mes collègues dans leurs réponses au questionnaire : « La proclamation de l'immunité de la propriété privée édictée par le règlement de La Haye en ce qui concerne la guerre terrestre doit être, à nos yeux, dit très nettement M. de Boeck, énergiquement maintenue dans la guerre maritime : une amélioration prétendue qui aurait pour objet la négation de cette immunité serait, d'après nous, une péjoration, que nous repousserions absolument ».

(1) Rapport de M. Edouard Rolin, *Revue de droit international et de législation comparée*, 2e série, t. XIII (1911), p. 595.

Il convient, remarque à son tour M. Kleen, d'insérer dans le manuel un article ainsi conçu : « La propriété privée, y compris les navires privés et les cargaisons privées, ne peut pas être confisquée sauf contrebande ». « L'inviolabilité de la propriété privée, affirme d'autre part M. de Bustamante, doit figurer parmi les modifications que l'Institut doit apporter dans son manuel, quelles que soient les probabilités de succès que cette idée puisse avoir dans de futures Conférences internationales ». M. Dupuis est le seul qui se soit déclaré explicitement en faveur du droit de capture de la propriété privée ennemie sous pavillon ennemi. M. Kaufmann, s'il s'en montre également partisan, se décide plutôt par une raison d'opportunité que par une raison de principe; c'est sous la forme d'un vœu qu'il voudrait voir l'Institut proclamer la règle de l'inviolabilité : « Je ne crois pas, observe-t-il, que l'inviolabilité de la propriété privée ennemie en mer (navires et cargaisons) puisse, dans les circonstances actuelles du monde, être consacrée par un traité général. Le manuel de l'Institut devrait donc encore partir de la supposition que la propriété privée ennemie peut être capturée. Mais l'Institut pourrait prendre en même temps la résolution suivante : « Si l'inviolabilité de la propriété privée ennemie en mer en cas de guerre maritime ne peut pas encore être réalisée par un traité général, l'Institut de droit international recommande aux puissances, qui seront prêtes à l'accepter, d'en convenir par des conventions spéciales. Eventuellement de telles conventions spéciales pourraient être conclues en connexion avec d'autres conventions spéciales concernant la limitation temporaire des armements sur mer et concernant l'accroissement de la liste des articles qui ne peuvent pas être déclarés contrebande de guerre (vivres) ».

N'est-il pas toutefois une considération qui pourrait conduire l'Institut à abandonner la voie où il s'est engagé jusqu'ici? En décidant l'élaboration d'un manuel sur les lois et coutumes de la guerre maritime, il s'est proposé de préparer un avant-projet pour la troisième Conférence de la Paix; devant l'accueil que les puissances ont fait en 1907 à la proposition des Etats-Unis, n'est-il pas à prévoir qu'elles repousseront tout règlement qui la reproduirait? A vrai dire, cette raison ne me semble pas de nature à influer sur la résolution que l'Institut prendra dans sa session de Christiania. Certes, ce serait pour lui un grand honneur de voir ses travaux approuvés par l'aéropage des nations. Mais, comme l'a remarqué M. de Bustamante, son ambition dans l'œuvre qu'il poursuit est moins d'atteindre à un pareil succès que de « servir d'instrument à la conscience du monde civilisé ». Est-il, au surplus, si certain que les Etats n'accepteront pas dans leur prochaine réunion la doctrine de l'inviolabilité ? Si celle-ci n'a point recueilli en 1907 l'unanimité des voix, elle a du moins obtenu une majorité puissante : sur 33 Etats 21 se sont en effet prononcés en sa faveur, et parmi eux figuraient des pays d'importance comme l'Allemagne, l'Autriche-Hongrie, les Etats-Unis et l'Italie. Un pareil résultat autorise tous les espoirs. « Il est permis de penser, a dit l'un de ceux qui prirent la part la plus grande à la deuxième Conférence de la Paix, que, lorsque, dans un avenir plus ou moins rapproché, les diverses questions du droit des gens maritime auront été réglées, les intérêts pacifiques des particuliers en cas de guerre sur mer pourront alors recevoir un régime conventionnel approprié au progrès des mœurs » (1).

Concilier les exigences militaires avec les revendications de l'humanité : telle est l'idée directrice qui m'a inspiré dans la confection du projet de manuel que j'ai l'honneur de soumettre à l'appréciation de mes honorables collègues, en les priant de me faire connaître leurs observations avant le 1er juin 1912.

---

(1) Rapport adressé au ministre des affaires étrangères par la délégation de la République française à la deuxième Conférence internationale de la Paix. — IV. Questions non résolues : Inviolabilité de la propriété privée ennemie sur mer. Livre jaune, *Deuxième Conférence internationale de la Paix*, 1907, p. 102.

# PROJET DE MANUEL

## des lois et coutumes de la guerre maritime dans les rapports entre belligérants (1)

---

SECTION I^re. — *Du théâtre et du commencement des hostilités*

Art. 1. — THÉATRE DES HOSTILITÉS. — Les actes d'hostilité ne sont permis que dans la pleine mer, ainsi que dans le territoire maritime et les eaux territoriales des Etats belligérants, y compris les détroits et les canaux, à condition que ces parties de la mer n'aient pas été conventionnellement neutralisées. (Comp. I. P. 8. — E. 2. — J. 2. — F. 1. — F. C. 1. — R. 16).

---

(1) J'ai indiqué, à la suite de chacun des articles du projet de manuel, les dispositions des conventions ou règlements antérieurs où la question a été traitée ou dont je me suis inspiré.

Voici les abréviations employées pour désigner ces conventions ou règlements :

DROIT CONVENTIONNEL. — D. P. Déclaration de Paris du 16 avril 1856 pour régler divers points de droit maritime. — D. S. Déclaration de Saint-Pétersbourg du 11 décembre 1868 sur l'interdiction des balles explosibles en temps de guerre. — D. H. Déclaration de La Haye du 29 juillet 1899 sur certaines balles et sur les projectiles répandant des gaz asphyxiants. — C. H. (III). Convention de La Haye du 18 octobre 1907 relative à l'ouverture des hostilités. — C. H. (IV). Convention de La Haye du 18 octobre 1907 concernant les lois et coutumes de la guerre sur terre. — H. Règlement de La Haye du 18 octobre 1907 concernant les lois et coutumes de la guerre sur terre. — C. H. (VI). Convention de La Haye du 18 octobre 1907 relative au régime des navires de commerce ennemis au début des hostilités. — C. H. (VII). Convention de La Haye du 18 octobre 1907 relative à la transformation des navires de commerce en bâtiments de guerre. — C. H. (VIII). Convention de La Haye du 18 octobre 1907 relative à la pose de mines sous-

Art. 2. — COMMENCEMENT DES HOSTILITÉS. — Les hostilités ne doivent pas commencer sans un avertissement préalable et non équivoque, qui aura, soit la forme d'une déclaration de guerre motivée, soit celle d'un ultimatum avec déclaration de guerre conditionnelle. (Comp. C. H. (III). 1. — I. P. 5. — R. 17).

## SECTION II. — *Des belligérants.*

Art. 3. — NAVIRES DE GUERRE. — Les lois, les droits et les devoirs de la guerre maritime s'appliquent :

1° Aux navires de guerre, c'est-à-dire à tous bâtiments appartenant à l'Etat ou affrétés par lui qui, affectés à un service militaire, sont sous le commandement d'un officier du service actif de la marine de l'Etat, montés par un équipage de la marine militaire et autorisés à porter le pavillon et la flamme de la marine militaire ;

2° Aux navires de la marine privée, transformés par l'Etat

---

marines de contact. — C. H. (IX). Convention de La Haye du 18 octobre 1907 concernant le bombardement par des forces navales en temps de guerre. — C. H. (X). Convention de La Haye du 18 octobre 1907 pour l'adaptation à la guerre maritime des principes de la convention de Genève. — C. H. (XI). Convention de La Haye du 18 octobre 1907 relative à certaines restrictions à l'exercice du droit de capture dans la guerre maritime. — C. H. (XII). Convention de La Haye du 18 octobre 1907 relative à l'établissement d'une Cour internationale des prises. — C. H. (XIII). Convention de La Haye du 18 octobre 1907 concernant les droits et les devoirs des puissances neutres en cas de guerre maritime. — D. H. (XIV). Déclaration de La Haye du 18 octobre 1907 relative à l'interdiction de lancer des projectiles et des explosifs du haut des ballons. — D. L. Déclaration de Londres du 26 février 1909 relative au droit de la guerre maritime.

DROIT NATIONAL. — F. Instructions du ministre français de la marine du 25 juillet 1870 (Barboux, *Jurisprudence du Conseil des prises*, p. 135). — F. C. Instructions complémentaires du ministre français de la marine, de 1870 (Barboux, *op. cit.*, p. 147). — I. Code de la marine marchande italien du 24 octobre 1877-11 avril 1886. — R. Règlement russe sur les prices maritimes du 27 mars 1895 (*Revue générale de droit international* après l'ouverture des hostilités en navires de guerre dans les conditions indiquées à l'article suivant. (Comp. H. 1. — I. G. 2. — I. P. 1. — I. N. 8. — E. 9. — J. 1. — R. 15).

Art. 4. — TRANSFORMATION DES NAVIRES PRIVÉS EN BATIMENTS DE GUERRE. — Un navire de la marine privée transformé en bâtiment de guerre ne peut avoir les droits et les obligations attachés à cette qualité que s'il est placé sous l'autorité directe, le contrôle immédiat et la responsabilité de la puissance dont il porte le pavillon, c'est-à-dire s'il porte les signes extérieurs distinctifs des bâtiments de guerre de sa nationalité, s'il est commandé par un officier du service de l'Etat, dûment commissionné par les autorités compétentes et dont le nom figure sur la liste des officiers de la flotte militaire, s'il observe dans ses opérations les lois et coutumes de la guerre et si son équipage est soumis aux règles de la discipline militaire.

---

*public*, 1897, Documents, p. 6). — E. Code de la guerre navale des Etats-Unis d'Amérique du 27 juin 1900 [abrogé en 1904] (*Revue générale de droit international public*, 1902, Documents, p. 1). — J. Règlement japonais sur les prises maritimes du 7 mars 1904 (*Revue générale de droit international public*, 1905, p. 613).

RÉSOLUTIONS DE L'INSTITUT DE DROIT INTERNATIONAL. — I. T. H. Règles sur le traitement de la propriété privée dans la guerre maritime adoptées à La Haye (1865). — I. T. Z. Règles sur le traitement de la propriété privée dans la guerre maritime adoptées à Zurich (1877). — I. G. Manuel sur les lois et coutumes de la guerre sur terre adopté à Oxford (1880). — I. P. Règlement international des prises maritimes adopté à Turin (1882), Munich (1883) et Heidelberg (1887). — I. B. Règles sur le bombardement des villes ouvertes par des forces navales adoptées à Venise (1896). — I. N. Règlement sur le régime légal des navires et de leurs équipages dans les ports étrangers adopté à La Haye (1898). — I. C. Règles concernant les câbles sous-marins en temps de guerre adoptées à Bruxelles (1902). — I. T. Règlement sur le régime juridique de la télégraphie sans fil adopté à Gand (1906). — I. M. Règles sur les mines sous-marines adoptées à Paris (1910) et à Madrid (1911). — I. A. Résolution sur le régime juridique des aérostats en temps de guerre adoptée à Madrid (1911).

La transformation d'un navire privé en navire militaire ne peut être faite qu'en pleine mer, dans un port ou dans les eaux territoriales de l'Etat dont le navire porte le pavillon, ou dans ceux d'un Etat allié, ou enfin dans le territoire occupé par les troupes de l'un ou l'autre de ces Etats.

Le belligérant qui transforme un navire privé en bâtiment de guerre doit, le plus tôt possible, mentionner cette transformation sur la liste des bâtiments de sa flotte militaire.

Le navire privé transformé en navire militaire conservera ce caractère pendant la durée des hostilités, et il ne pourra pendant ce temps être à nouveau transformé en navire privé. (Comp. C. H. (VII). 1-6).

Art. 5. — EQUIPAGES MILITAIRES. — Ont de même droit à la qualité de belligérants dans la guerre maritime :

1° Les équipages des bâtiments indiqués à l'article 3;

2° Les troupes de l'armée de mer, active ou de réserve;

3° Les troupes régulières ou régulièrement organisées, autres que celles de l'armée de mer, qui sont employées dans des opérations de la guerre maritime. (Comp. H. 1. — I. G. 2. — I. P. 1. — E. 9. — J. 10).

Art. 6. — COURSE, NAVIRES PRIVÉS, NAVIRES PUBLICS NE CONSTITUANT PAS DES NAVIRES DE GUERRE. — La course est interdite.

En dehors des conditions déterminées à l'article 4, les navires appartenant à des particuliers et leurs équipages ne peuvent pas se livrer à des actes d'hostilité contre l'ennemi.

Ne peuvent non plus commettre des actes d'hostilité les navires publics, c'est-à-dire appartenant à l'Etat ou affectés par lui à un service public et qui ne constituent pas des navires de guerre, ainsi que leurs équipages.

Il sera toutefois permis aux uns et aux autres d'employer la force pour se défendre contre l'attaque d'un navire ennemi ou pour venir en aide à un navire privé ou public, national ou allié, attaqué par l'ennemi. (Comp. D. P. 1. — I. P. 2 et 3. —

I. N. 9. — I. G. 1. — I. T. Z. 4. — I. 207, 208 et 209. — R. 2 et 15. — E. 10).

Art. 7. — POPULATION DU TERRITOIRE MARITIME. — Les habitants d'un territoire maritime non occupé qui, à l'approche de la flotte ennemie, arment spontanément leurs navires, pour la combattre, sans avoir eu le temps de les faire transformer en bâtiments de guerre conformément à l'article 4, seront considérés comme belligérants s'ils portent les armes ouvertement et s'ils respectent les lois et coutumes de la guerre. (Comp. H. 2. — I. G. 2. — I. 210).

Art. 8. — COMBATTANTS ET NON COMBATTANTS. — Les forces armées des parties belligérantes peuvent se composer de combattants et de non combattants. (Comp. H. 3. — E. 10).

## SECTION III. — *Des moyens de nuire à l'ennemi.*

Art. 9. — PRINCIPE. — Les belligérants n'ont pas un droit illimité quant au choix des moyens de nuire à l'ennemi. (Comp. H. 22. — I. G. 4).

Art. 10. — MOYENS PERFIDES. — Les moyens qui impliquent la perfidie sont défendus dans la guerre maritime.

Ainsi, il est interdit :

1° De tuer ou de blesser par trahison des individus appartenant à la partie adverse;

2° D'user indûment du pavillon parlementaire, de faire usage de faux pavillons, uniformes ou insignes, quels qu'ils soient, notamment de ceux de l'ennemi, ainsi que des signes distinctifs de l'assistance hospitalière indiqués aux articles 32 et 37. (Comp. H. 23. — I. G. 8. — E. 7. — R. 3. — J. 52).

Art. 11. — RUSES. — Les ruses de guerre et l'emploi des moyens nécessaires pour se procurer des renseignements sur l'ennemi sont considérés comme licites. (Com. H. 24. — R. 3).

Art. 12. — MOYENS BARBARES. — Les belligérants doivent s'abstenir d'user de moyens barbares.

Il leur est interdit notamment :

1° D'employer du poison ou des armes empoisonnées, ainsi que des projectiles qui ont pour but unique de répandre des gaz asphyxiants ou délétères;

2° D'employer des armes, des projectiles ou des matières propres à causer des maux superflus. Rentrent spécialement dans cette catégorie les projectiles explosibles ou chargés de matières fulminantes ou inflammables, et les balles qui s'épanouissent ou s'aplatissent facilement dans le corps humain telles que les balles à enveloppe dure dont l'enveloppe ne couvrirait pas entièrement le noyau ou serait pourvue d'incisions;

3° De tuer ou de blesser un ennemi qui, ayant mis bas les armes ou n'ayant plus les moyens de se défendre, s'est rendu à discrétion;

4° De déclarer qu'il ne sera pas fait de quartier;

5° De détruire ou de saisir des propriétés ennemies, sauf les cas où ces destructions ou ces saisies seraient impérieusement commandées par les nécessités de la guerre.

Les non combattants doivent être respectés dans leur personne et dans leurs biens au cours des hostilités, autant que les nécessités de la guerre et la conduite de ces non combattants le permettent. (Comp. H. 23. — D. S. — I. G. 7, 9 et 32. — I. T. H. 2. — I. T. Z. 1. — I. P. 4. — E. 3 et 12).

Art. 13. — PILLAGE ET DÉVASTATION. — Le pillage et la dévastation sont interdits sur mer comme sur terre. (Comp. H. 28 et 47. — C. H. (IX). 7. — I. G. 32. — E. 3 et 11).

Art. 14. — TORPILLES. — Il est interdit de faire usage, aussi bien dans les eaux territoriales qu'en pleine mer, de torpilles qui ne deviennent pas inoffensives lorsqu'elles auront manqué leur but. (Comp. C. H. (VIII). 1. — I. M. 3).

Art. 15. — MINES SOUS-MARINES. — Il est interdit de placer en pleine mer des mines automatiques de contact, amarrées ou non.

Il est également défendu de placer des mines automatiques de contact dans le passage des détroits qui conduisent dans une mer ouverte. (Comp. I. M. 1 et 7. — Rapport Ed. Rolin à l'Institut de droit international sur les mines sous-marines présenté à Paris en 1910).

Art. 16. — Les belligérants peuvent placer des mines dans leurs eaux territoriales et dans celles de l'ennemi.

Mais il leur est interdit, même dans les eaux territoriales :

1° De placer des mines automatiques de contact non amarrées, à moins qu'elles ne soient construites de manière à devenir inoffensives une heure au maximum après que celui qui les a placées en aura perdu le contact;

2° De placer des mines automatiques de contact amarrées qui ne deviennent pas inoffensives dès qu'elles auront rompu leurs amarres. (Comp. C. H. (VIII). 1. — I. M. 2).

Art. 17. — Un belligérant ne peut placer des mines devant les côtes et les ports de son adversaire que pour des buts navals et militaires. Il lui est interdit de les y placer pour intercepter la navigation du commerce. (Comp. C. H. (VIII). 2. — I. M. 4).

Art. 18. — Lorsque les mines automatiques de contact, amarrées ou non amarrées, sont employées, toutes les précautions doivent être prises pour la sécurité de la navigation pacifique.

Les belligérants pourvoiront notamment à ce que les mines deviennent inoffensives après un laps de temps limité.

Dans le cas où les mines cesseraient d'être surveillées par eux, les belligérants signaleront les régions dangereuses, aussitôt que les exigences militaires le permettront, par un avis à la navigation, qui devra être aussi communiqué aux gouvernements par la voie diplomatique. (Comp. C. H. (VIII). 3. — I. M. 5).

Art. 19. — A la fin de la guerre les Etats belligérants feront tout ce qui dépend d'eux pour enlever, chacun de son côté, les mines qu'ils auront placées.

Quant aux mines automatiques de contact amarrées que l'un des belligérants aurait laissées sur les côtes de l'autre, l'emplacement en sera notifié à l'autre partie par l'Etat qui les aura posées, et chaque Etat devra procéder, dans le plus bref délai, à l'enlèvement des mines qui se trouvent dans ses eaux.

Les Etats belligérants auxquels incombe l'obligation d'enlever les mines après la fin de la lutte devront faire connaître la date à laquelle l'enlèvement de ces mines sera terminé. (Comp. C. H. (VIII). 5. — I. M. 8).

Art. 20. — AÉRONEFS ET HYDRO-AÉROPLANES. — Dans la guerre maritime les belligérants peuvent se servir des aéronefs et des hydro-aéroplanes non seulement comme moyens de communication et d'observation mais aussi comme moyens de destruction. Les lois et coutumes de la guerre aérienne seront applicables à ces appareils. (Comp. I. A. — H. 25 et 29. — D. H. (XIV).)

Art. 21. — BOMBARDEMENT. — Il est interdit de bombarder, par quelque moyen que ce soit, et notamment par des forces navales, des ports, villes, villages, habitations ou bâtiments qui ne sont pas défendus.

Une localité ne peut pas être bombardée à raison du seul fait que, devant son port, se trouvent mouillées des mines sous-marines automatiques de contact. (Comp. C. H. (IX). 1. — H. 25. — I. B. 2. — I. O. 32. — E. 4).

Art. 22. — Toutefois ne sont pas compris dans cette interdiction les ouvrages militaires, établissements militaires ou navals, dépôts d'armes ou de matériel de guerre, ateliers et installations propres à être utilisés pour les besoins de la flotte ou de l'armée ennemie, et les navires de guerre se trouvant dans le port. Le commandant d'une force navale pourra, après sommation avec délai raisonnable, les détruire par le canon, si tout autre moyen est impossible et lorsque les autorités locales n'auront pas procédé à cette destruction dans le délai fixé.

Il n'encourt aucune responsabilité dans ce cas pour les

dommages involontaires, qui pourraient être occasionnés par le bombardement.

Si des nécessités militaires, exigeant une action immédiate, ne permettaient pas d'accorder de délai, il reste entendu que l'interdiction de bombarder la ville non défendue subsiste comme dans le cas énoncé dans l'alinéa 1er et que le commandant prendra toutes les dispositions voulues pour qu'il en résulte pour cette ville le moins d'inconvénients possible. (Comp. C. H. (IX). 2. — I. B. 4. — E. 4).

Art. 23. — Il peut, après notification expresse, être procédé au bombardement des ports, villes, villages, habitations ou bâtiments non défendus, si les autorités locales, mises en demeure par une sommation formelle, refusent d'obtempérer à des réquisitions de vivres ou d'approvisionnements nécessaires au besoin présent de la force navale qui se trouve devant la localité.

Ces réquisitions seront en rapport avec les ressources de la localité. Elles ne seront réclamées qu'avec l'autorisation du commandant de la dite force navale et elles seront, autant que possible, payées au comptant; sinon elles seront constatées par des reçus. (Comp. C. H. (IX). 3. — I. B. 4. — E. 4).

Art. 24. — Est interdit le bombardement, pour le non payement des contributions en argent, des ports, villes, villages, habitations ou bâtiments, non défendus. (Comp. C. H. (IX). 4. — I. B. 4. — E. 4).

Art. 25. — Dans le bombardement toutes les mesures doivent être prises par le commandant de la force assaillante pour épargner, autant que possible, les édifices consacrés aux cultes, aux arts, aux sciences et à la bienfaisance, les monuments historiques, les hopitaux et les lieux de rassemblement de malades ou de blessés, à condition qu'ils ne soient pas employés en même temps à un but militaire.

Le devoir des habitants est de désigner ces monuments, ces édifices ou lieux de rassemblement par des signes visibles, qui consisteront en grands panneaux rectangulaires rigides, partagés, suivant une des diagonales, en deux triangles de couleur, noire en haut et blanche en bas. (Comp. C. H. (IX). 5. — H. 27. — I. B. 3. — I. G. 34).

Art. 26. — Sauf les cas où les exigences militaires ne le permettraient pas, le commandant de la force navale assaillante doit, avant d'entreprendre le bombardement, faire tout ce qui dépend de lui pour avertir les autorités. (Comp. C. H. (IX). 6. — H. 26. — I. B. 3. — I. G. 33. — E. 4).

Art. 27. — BLOCUS. — Les ports et côtes de l'ennemi ou occupés par lui peuvent être soumis à un blocus, qui doit être effectif, déclaré et notifié conformément aux règles du droit international. (Comp. D. P. 4. — D. L. 1 et 3. — I. P. 35. — I. T. H. 2. — I. T. Z. 3. — E. 37 et s. — R. 2. — J. 21 et s. — F. 7. — I. 217).

## SECTION IV. — *Des droits et devoirs du belligérant vis-à-vis des choses de l'ennemi.*

Art. 28. — A. NAVIRES. — *Navires de guerre.* — La force armée d'un Etat peut attaquer, pour les capturer ou les détruire, avec leur armement et leurs approvisionnements, les bâtiments qui constituent la marine de guerre de l'ennemi, même s'ils se trouvent au début de la lutte dans un port de l'Etat ou sont rencontrés en mer dans l'ignorance des hostilités ou si la force majeure les a contraints d'entrer dans un port ou les a jetés sur les côtes du dit Etat.

Toutefois, dans le cas d'un combat à bord d'un vaisseau de guerre, les infirmeries et leur matériel seront respectés et ménagés autant que faire se pourra. Tout en demeurant soumis aux lois de la guerre, ils ne pourront être détournés de leur emploi, tant qu'ils seront nécessaires aux blessés et malades. Le commandant qui les a en son pouvoir a cependant la faculté d'en disposer, en cas de nécessité militaire importante, en assurant au préalable le sort des blessés et malades qui s'y trouvent.

La protection due aux infirmeries des vaisseaux cesse si l'on en use pour commettre des actes nuisibles à l'ennemi. N'est pas considéré comme étant de nature à justifier le retrait de la protection le fait que le personnel de ces infirmeries est armé pour le maintien de l'ordre et pour la défense des blessés ou malades. (Comp. H. 1. — C. H. (X). 7 et 8. — I. O. 1. — I. N. 40 et 41. — E. 1, 13 et 15. — R. 10. — F. 1).

Art. 29. — *Navires publics et navires privés : Arrêt, visite et recherches.* — Tous navires ennemis, autres que ceux de la marine de guerre, qu'ils appartiennent à l'Etat ou à des particuliers, peuvent être sommés par un bâtiment de guerre belligérant de s'arrêter pour qu'il soit procédé à leur bord à une visite et à des recherches.

Le bâtiment de guerre du belligérant, pour inviter le navire ennemi à s'arrêter, tirera un coup de canon à blanc et, si cet avis n'est pas suffisant, il tirera un boulet dans l'avant du navire. Avant ou en même temps le bâtiment de guerre hissera son pavillon au-dessus duquel, en temps de nuit, un fanal sera placé. Le navire ennemi doit répondre au signal en hissant son propre pavillon et en s'arrêtant aussitôt. Le bâtiment de guerre enverra alors au navire arrêté une chaloupe montée par un officier accompagné d'un nombre d'hommes suffisant, dont deux ou trois seulement se rendront avec l'officier à bord du navire arrêté.

La visite à laquelle doit se soumettre le navire ennemi consiste dans l'examen de ses papiers de bord.

Si les papiers de bord sont insuffisants ou autorisent certains soupçons, l'officier qui a opéré la visite est en droit de procéder à des recherches sur le navire, et il doit requérir à cet effet le concours du capitaine.

La visite des paquebots-poste, comme il est dit à l'article 50, doit être effectuée avec tous les ménagements et toute la célérité possibles. (Comp. I. T. Z. 5. — I. P. 1, 11, 18 et 19. — C. H. (XI). 2. — E. 30 et s. — R. 6. — J. 32, 54 et s. — F. 13).

Art. 30. — *Navires publics : Principe.* — Les navires publics, qui ne sont pas des navires de guerre, ainsi que les marchandises appartenant à l'Etat qui y sont chargées, sont, sauf les exceptions ci-après indiquées, sujets à être saisis par l'ennemi moyennant l'obligation de les restituer après la guerre sans indemnité ou à être réquisitionnés à charge d'indemnité.

Ils peuvent toutefois être confisqués si leur construction indique qu'ils sont destinés à être transformés en bâtiments de guerre.

Il en doit être ainsi, même si la force majeure les a contraints d'entrer dans un port ou les a jetés sur les côtes de l'ennemi. (Comp. H. 53. — I. O. 50 et 51. — E. 13. — R. 4).

Art. 31. — *Navires publics : Exemption de saisie ou de confiscation. Bâtiments ignorants des hostilités.* — Lorsque des navires publics se trouvent, au début des hostilités, dans un port ennemi, ou qu'ayant quitté leur dernier port de départ avant le commencement de la guerre ils sont entrés dans ce port sans connaître les hostilités, il peut leur être permis d'en sortir librement, immédiatement ou après un délai de faveur suffisant, et de gagner directement, après avoir été munis d'un laissez-passer, leur port de destination ou tel autre port qui leur sera désigné. Les navires qui, par suite de circonstances de force majeure, n'ont pu quitter le port ennemi pendant le délai qui leur a été octroyé, ou auxquels la sortie n'a pas été accordée, seront saisis ou réquisitionnés dans les conditions prévues à l'article précédent.

Si les navires publics qui se trouvent dans le port sont susceptibles par leur construction d'être transformés en bâtiments de guerre, ils ne pourront être confisqués, mais le belligérant pourra immédiatement les saisir moyennant l'obligation de les restituer après la guerre sans indemnité, ou les réquisitionner moyennant indemnité.

Les navires publics, à quelque catégorie qu'ils appartiennent, qui ont quitté leur dernier port de départ avant le commencement de la guerre et qui sont rencontrés en mer par l'ennemi ignorants des hostilités, sont sujets à être saisis moyennant l'obligation de les restituer après la guerre sans indemnité, ou à être réquisitionnés, ou même à être détruits, à charge d'indemnité et sous l'obligation de pourvoir à la sécurité des personnes ainsi qu'à la conservation des papiers de bord. (Comp. C. H. (VI). 1-5. — I. N. 41).

Art. 32. — *Navires publics : Exemption de saisie. Bâtiments hospitaliers.* — Sont respectés et ne peuvent être capturés pendant la durée des hostilités les bâtiments-hôpitaux militaires, c'est-à-dire les bâtiments construits ou aménagés par les Etats spécialement et uniquement en vue de porter secours aux blessés, malades et naufragés, et dont les noms auront été communiqués, à l'ouverture ou au cours des hostilités, en tout cas avant toute mise en usage, aux puissances belligérantes.

Les bâtiments-hôpitaux militaires seront distingués par une peinture extérieure blanche avec une bande horizontale verte d'un mètre et demi de largeur environ.

Les embarcations des bâtiments qui viennent d'être mentionnés, comme les petits bâtiments qui pourront être affectés au service hospitalier, se distingueront par une peinture analogue.

Tous les bâtiments hospitaliers se feront reconnaître en hissant, avec leur pavillon national, le pavillon blanc à croix rouge prévu par la convention de Genève.

Les bâtiments et embarcations ci-dessus mentionnés, qui veulent s'assurer la nuit le respect auquel ils ont droit, ont, avec l'assentiment du belligérant qu'ils accompagnent, à prendre les mesures nécessaires pour que la peinture qui les caractérise soit suffisamment apparente.

Les signes distinctifs prévus au présent article ne pourront être employés que pour protéger ou désigner les bâtiments mentionnés.

Les gouvernements s'engagent à n'utiliser ces bâtiments pour aucun but militaire.

Ces bâtiments ne devront gêner en aucune manière les mouvements des combattants.

Pendant et après le combat, ils agiront à leurs risques et périls.

Les belligérants auront sur eux le droit de contrôle et de visite ; ils pourront refuser leur concours, leur enjoindre de s'éloigner, leur imposer une direction déterminée et mettre à bord un commissaire, même les détenir, si la gravité des circonstances l'exigeait.

Autant que possible, les belligérants inscriront sur le journal du bord des bâtiments hospitaliers les ordres qu'ils leur donneront.

Les bâtiments hospitaliers qui, dans les termes du présent article, sont détenus par l'ennemi auront à rentrer le pavillon national du belligérant dont ils relèvent. (Comp. C. H. (X). 1, 4, 5 et 6. — H. 21. — I. G. 35 et s. — E. 13, 21, 23 et 24).

Art. 33. — *Navires publics : Exemption de saisie. Navires de cartel.* — Ne peuvent davantage être saisis, pendant qu'ils remplissent leur mission, les navires publics, dits de cartel, qui font office de parlementaires, même s'ils appartiennent à la marine militaire.

Est considéré comme navire de cartel le navire autorisé par l'un des belligérants à entrer en pourparlers avec l'autre et se présentant avec un pavillon blanc. Ce navire ne doit avoir à son bord ni munitions, ni armes autres qu'un canon pour faire des signaux.

Le chef auquel un navire de cartel est expédié n'est pas obligé de le recevoir. Il peut prendre toutes les mesures nécessaires afin d'empêcher le navire de cartel de profiter de sa mission pour se renseigner. Il a le droit, en cas d'abus, de retenir temporairement le navire de cartel. (Comp. H. 32 et 33. — I. G. 27 et s. — E. 13. — J. 35).

Art. 34. — *Navires publics : Exemption de saisie. Navires chargés de missions et autres.* — Sont également exempts de saisie les navires publics chargés de missions religieuses, scientifiques ou philanthropiques, et ceux affectés au service des pilotes ou desservant les phares. (Comp. C. H. (XI). 4. — E. 13. — J. 35).

Art. 35. — *Navires publics : Restrictions à l'exemption de saisie.* — L'exemption de saisie cesse d'être applicable aux navires dont il est parlé dans les articles 32, 33 et 34 :

1° Au cas où ils participent d'une façon quelconque aux hostilités ;

2° Au cas de résistance opposée par la force à l'exercice légitime du droit d'arrêt, de visite et de recherche. Si le navire essaie de se soustraire à la visite par la fuite, le croiseur belligérant peut employer la force pour l'arrêter.

Dans ces cas, le navire et le chargement sont soumis à confiscation.

On ne doit pas considérer comme étant de nature à justifier le retrait de la protection le fait que le personnel des bâtiments hospitaliers est armé pour le maintien de l'ordre et pour la défense des blessés ou malades, ainsi que le fait de la présence à bord d'une installation radio-télégraphique. (Comp. H. 34. — C. H. (X). 8. — C. H. (XI). 3. — D. L. 63. — E. 13. — J. 35).

Art. 36. — *Navires privés : Principe.* — Les navires privés de nationalité ennemie et leurs cargaisons, à quelque nationalité qu'elles appartiennent, sont exempts de saisie et de confiscation, sauf les exceptions indiquées ci-après aux articles 38, 39 et 40. (Comp. I. T. H. 2. — I. T. Z. 1. — I. P. 4. — I. 211. — E. 14. — R. 10. — J. 6. — F. 1).

Art. 37. — *Navires privés : Application du principe de*

*l'inviolabilité aux bâtiments hospitaliers et aux navires de cartel.* — Les bâtiments hospitaliers, équipés en totalité ou en partie aux frais des particuliers ou des sociétés de secours officiellement reconnues, sont également respectés et exempts de capture, si la puissance belligérante dont ils dépendent leur a donné une commission officielle et en a notifié les noms à la puissance adverse à l'ouverture ou au cours des hostilités, en tout cas avant toute mise en usage.

Ces navires doivent être porteurs d'un document de l'autorité compétente déclarant qu'ils ont été soumis à son contrôle pendant leur armement et à leur départ final.

Les bâtiments dont il s'agit seront distingués par une peinture extérieure blanche avec une bande horizontale rouge d'un mètre et demi de largeur environ.

Ils sont soumis aux règles établies pour les bâtiments-hôpitaux militaires par l'article 32 ci-dessus.

Les navires privés employés comme navires de cartel doivent de même être respectés et exempts de capture sous les conditions prévues à l'article 33. (Comp. C. H. (X). 2, 4, 5 et 6. — H. 21, 32 et 33. — I. O. 27 et s. — E. 13, 22, 23 et 24. — J. 35).

Art. 38. — *Navires privés : Restriction au principe de l'inviolabilité. Assistance guerrière.* — Sont toutefois sujets à capture les navires privés qui prennent part aux opérations de la guerre. (Comp. I. T. H. 3. — I. T. Z. 2 et 3. — I. P. 4 et 23. — I. 212).

Art. 39. — On doit considérer comme prenant part aux opérations de la guerre :

1° Les navires qui participent directement à des actes d'hostilité ;

2° Les navires qui se trouvent, au point de vue militaire, sous les ordres ou sous le contrôle d'un agent placé à bord par le gouvernement ennemi ;

3° Les navires qui sont affrétés, même partiellement, par le gouvernement ennemi, pour des buts divers se rattachant plus ou moins directement à la guerre;

4° Les navires qui sont affectés d'une manière permanente soit au transport de troupes ennemies, soit à la transmission de nouvelles dans l'intérêt de l'ennemi, quelle que soit la manière de transmettre ces nouvelles, par dépêche, par télégraphie sans fil ou même par voie orale;

5° Les navires qui, sans être attachés d'une manière continue au service de l'ennemi, voyagent spécialement soit en vue du transport d'un détachement de soldats ou de marins ennemis ou de passagers individuels incorporés ou destinés à être incorporés dans la force armée de l'ennemi, soit en vue de la transmission de nouvelles dans l'intérêt de l'ennemi;

6° Les navires qui, même sans être spécialement chargés de l'effectuer, font un transport de soldats ou de marins de l'ennemi ou de personnes qui, pendant le voyage, prêtent, notamment par des signaux, une assistance directe aux opérations de l'ennemi;

7° Les navires qui transportent au territoire de l'ennemi ou à un territoire occupé par lui ainsi qu'à ses forces armées de terre ou de mer des objets qui, d'après les règles du droit international, constituent des objets de contrebande de guerre;

8° Les navires qui violent un blocus régulièrement établi.

Est applicable aux navires privés hospitaliers la disposition de l'article 35 in fine, relative aux bâtiments hopitaux militaires. (Comp. D. L. Ch. I, II et III (45 et 46). — C. H. (X). 8. — I. T. H. 2 et 3. — I. T. Z. 2. — I. P. 4 et 23. — I. 212. — J. 37. — R. 10, 11 et 12).

Art. 40. — *Navires privés : Restriction au principe de l'inviolabilité. Résistance à la visite, irrégularité des papiers de bord.* — Sont également susceptibles de capture les navires privés qui, sommés de s'arrêter pour être soumis à la visite, essayent de s'y opposer par la force et ceux qui ne possèdent aucuns papiers de bord, ont caché ou détruit intentionnellement ceux qu'ils possédaient ou en présentent de faux. (Comp. D. L. 63. — I. P. 20 et 23, — J. 37 et 39. — R. 10 et 11).

Art. 41. — *Navires privés : Sanctions.* — Dans les cas prévus par les deux articles précédents, le navire est confisqué et les marchandises appartenant au propriétaire ou au capitaine du navire sont aussi sujettes à confiscation.

Il n'en doit être ainsi toutefois, au cas prévu par l'alinéa 6 de l'article 39, que si le capitaine, le propriétaire ou celui qui a affrêté le navire en totalité a eu connaissance de la qualité des personnes transportées. Cette connaissance est établie s'il s'agit de soldats ou de marins en uniforme.

Au cas indiqué dans l'alinéa 7 de l'article 39, il faut, pour qu'il y ait confiscation du navire et des marchandises appartenant au propriétaire ou au capitaine du navire, que la contrebande forme, soit par sa valeur, soit par son poids, soit par son volume, soit par son frêt, plus du tiers de la cargaison. Les objets considérés comme contrebande de guerre seront toujours soumis à confiscation ainsi que les marchandises appartenant au propriétaire de la contrebande.

En cas de violation de blocus, le chargement appartenant à d'autres que le propriétaire ou le capitaine du navire est, avec le navire, soumis à confiscation si, au moment de l'embarquement, les chargeurs ont connu ou pu connaître l'intention d'atteindre le port bloqué.

Lorsque c'est en vertu d'un contrat que le navire est destiné à faire des opérations dans l'intérêt de l'ennemi, il y a lieu à confiscation pendant toute la durée du contrat, même si, au moment de la visite du navire, celui-ci n'a ni troupes, ni dépêches à bord (Comp. D. L. Ch. I, II et III. — I. P. — J. 40 et s.).

Art. 42. — Ne sera pas admis comme motif de l'exemption de la capture le fait que le capitaine du navire a agi pour obéir à des ordres auxquels il ne pouvait se soustraire.

Mais le capitaine et le propriétaire, contraints par l'Etat national de prendre une part dans la guerre, pourront recourir contre cet Etat pour avoir réparation des dommages subis. (Comp. J. 38).

Art. 43. — Dans le cas prévu à l'alinéa 6 de l'article 39, il n'y a pas lieu à confiscation du navire et des marchandises appartenant au propriétaire ou au capitaine du navire, lorsque celui-ci est rencontré en mer ou trouvé dans un port ignorant des hostilités ou lorsque le capitaine, après avoir appris l'ouverture des hostilités, n'a pu encore débarquer les personnes transportées.

Il en est de même au cas de l'alinéa 7 du dit article 39, si le navire est trouvé dans un port ou rencontré en mer dans l'ignorance des hostilités ou de la déclaration de contrebande applicable à son chargement ou si le capitaine, après avoir eu connaissance de l'ouverture des hostilités ou de la déclaration de contrebande, n'a pu encore décharger les articles de contrebande. Les articles de contrebande peuvent alors être seuls confisqués, mais moyennant indemnité.

Le navire est réputé connaître l'état de guerre ou la déclaration de contrebande, lorsqu'il a quitté un port neutre, après que la notification de l'ouverture des hostilités ou de la déclaration de contrebande a été faite en temps utile à la puissance dont relève ce port. L'état de guerre est, en outre, connu par le navire lorsqu'il a quitté un port ennemi après l'ouverture des hostilités. (Comp. D. L. 43 et 45. — E. 15. — J. 38. — F. 1. — R. 12).

Art. 44. — *Navires privés dont la construction indique qu'ils sont destinés à être transformés en bâtiments de guerre.* — Les navires privés ennemis dont la construction indique qu'ils sont destinés à être transformés en bâtiments de guerre ne peuvent pas pour ce motif être confisqués, mais ils peuvent être saisis avec obligation de les restituer sans indemnité après la guerre ou être réquisitionnés avec indemnité.

Il en sera ainsi, même si les navires se trouvent dans un port ou y entrent à l'ouverture des hostilités sans les connaître ou sont rencontrés en mer dans l'ignorance de celles-ci.

Dans ces cas, les marchandises à bord, qui ne sont pas de la contrebande de guerre, seront exemptes de toute saisie, quelle que soit leur nationalité. (Comp. C. H. (VI). 5. — I. T. H. 3. — I. P. 23).

Art. 45. — *Navires privés résistant à une attaque illégitime.* — Le navire privé qui se défend par la force contre l'attaque illégitime d'un bâtiment ennemi ne perd pas par ce fait sa qualité de navire privé et dès lors ne saurait être régulièrement capturé. (Comp. I. 209. — R. 15).

Art. 46. — *Navires privés : Droit de réquisition, droit de préemption.* — En dehors de ceux qui servent de cartel ou sont affectés au service hospitalier, au service des pilotes ou des phares, à un service postal régulier, au service de missions religieuses, scientifiques ou philanthropiques, les navires privés ennemis peuvent, si les nécessités de la guerre l'exigent, être l'objet de réquisitions par les belligérants, à la charge d'une équitable indemnité ou de dommages-intérêts, s'il y a lieu, qui seront fixés par le tribunal des prises compétent. Ces réquisitions, constatées par des reçus, ne peuvent être réclamées qu'avec l'autorisation du commandant du bâtiment requérant.

Art. 47. — Les belligérants peuvent, dans les mêmes conditions, préempter, à bord des navires privés ennemis, les cargaisons ennemies, qui sont nécessaires à l'approvisionnement ou au ravitaillement immédiats de leurs flottes.

Art. 48. — *Navires privés : Contributions.* — Il n'est pas permis aux belligérants d'exiger des navires privés qu'ils rencontrent des contributions en argent.

Art. 49. — *Navires privés : Droits du belligérant dans la zone de ses opérations.* — Alors qu'il n'aurait pas le droit de les saisir, un belligérant peut, dans l'intérêt de sa défense, même en haute mer, défendre aux navires de l'ennemi d'entrer dans la zone correspondant à la sphère d'action de ses opérations militaires.

Il peut aussi leur interdire dans cette zone certains actes susceptibles de nuire à son action, notamment certains actes de communication, comme par exemple la télégraphie sans fil.

La simple infraction à ces interdictions entraînera le refoulement, même par la force, du navire hors de la zone interdite et le séquestre des appareils. Le navire, s'il est établi qu'il a communiqué avec l'ennemi pour lui fournir des renseignements sur la conduite des hostilités, pourra être considéré comme s'étant mis à son service et sera par suite passible de confiscation ainsi que ses appareils. (Comp. I. T. 6 et 7).

Art. 50. — B. CORRESPONDANCE POSTALE. — La correspondance postale, quel que soit son caractère officiel ou privé, trouvée en mer sur un bâtiment ennemi, est inviolable, à moins qu'elle ne soit à destination ou en provenance d'un port bloqué.

L'inviolabilité de la correspondance postale ne soustrait pas les paquebots-poste aux lois et coutumes de la guerre sur mer concernant les navires en général. Toutefois la visite n'en doit être effectuée qu'en cas de nécessité avec tous les ménagements et toute la célérité possibles.

S'il y a saisie du navire sur lequel la poste est embarquée, la correspondance est expédiée avec le moins de retard possible par le capteur. (Comp. C. H. (XI). 1 et 2. — J. 68).

Art. 51. — C. CABLES SOUS-MARINS. — Les Etats belligérants ne sont autorisés à saisir ou à détruire, dans les conditions déterminées ci-dessous, que les câbles sous-marins reliant leurs territoires ou deux points de ces territoires, et les câbles reliant le territoire d'un des pays en guerre à un territoire neutre.

Le câble reliant les territoires des deux belligérants ou deux parties du territoire d'un des belligérants peut être saisi ou détruit partout, excepté dans les eaux d'un Etat neutre.

Le câble reliant un territoire neutre au territoire d'un des belligérants ne peut en aucun cas être saisi ou détruit dans les eaux dépendant d'un territoire neutre. En haute mer, ce câble ne peut être saisi ou détruit que s'il y a blocus effectif et dans les limites de la ligne de blocus, sauf rétablissement du câble dans le plus bref délai possible. Ce câble peut toujours être saisi ou détruit sur le territoire et dans la mer territoriale dépendant d'un territoire ennemi jusqu'à une distance de trois milles marins de la laisse de basse marée.

En ce qui concerne l'application des règles précédentes, il n'y a pas de différence à établir entre les câbles de propriété ennemie, selon qu'ils sont des câbles d'Etat ou qu'ils appartiennent à des particuliers.

Les câbles sous-marins reliant un territoire belligérant à un territoire neutre qui auront été saisis ou détruits devront être restitués et les indemnités seront réglées à la paix. (Comp. H. 54. — I. C. 1-5. — E. 5).

### SECTION V. — *Des droits et devoirs du belligérant vis-à-vis des personnes de l'ennemi.*

Art. 52. — A. EQUIPAGES. — *Navires de guerre.* — En cas de capture par l'ennemi, les combattants et les non combattants faisant partie de la force armée des belligérants ont droit au traitement des prisonniers de guerre. (Comp. H. 3. — I. G. 21. — E. 10.)

Art. 53. — *Navires publics.* — Lorsqu'un navire public autre qu'un bâtiment de guerre est capturé ou saisi par un belligérant, le capitaine, les officiers et les gens de l'équipage ne sont pas faits prisonniers de guerre, à condition qu'ils s'engagent sous la foi d'une promesse formelle écrite à ne prendre pendant la durée des hostilités aucun service ayant rapport avec les opérations de la guerre.

Les noms des individus laissés libres dans les conditions visées à l'alinéa 1er sont notifiés par le belligérant capteur à l'autre belligérant. Il est interdit à ce dernier d'employer sciemment les dits individus.

Ne peuvent être retenus les membres de l'équipage d'un navire public qui, à raison de son caractère particulier, est lui-même exempt de saisie. (Comp. C. H. (XI), 6 et 7. — E. 10.)

Art. 54. — *Navires privés.* — Le capitaine, les officiers et les gens de l'équipage d'un navire privé ne peuvent être capturés et déclarés prisonniers de guerre.

Il n'en sera ainsi toutefois, au cas où la construction du navire indique qu'il est destiné à être transformé en bâtiment de guerre, que si le personnel s'oblige, sous la foi d'une promesse écrite, à ne prendre pendant la durée des hostilités aucun service ayant rapport avec les opérations de la guerre. La disposition de l'alinéa 2 de l'article précédent doit en pareil cas recevoir son application. (Comp. C. H. (VI). 2-5. — C. H. (XI). 5, 6 et 7. — E. 3 et 11. — J. 50.)

Art. 55. — *Equipages d'un navire public ou d'un navire privé personnellement coupables d'actes hostiles.* — Les membres de l'équipage d'un navire public ou d'un navire privé qui, sans obéir à un ordre de leurs supérieurs, se rendent personnellement coupables d'un acte hostile envers l'ennemi peuvent être retenus par lui comme prisonniers de guerre. (Comp. I. G. 1. — E. 3.)

Art. 56. — *Equipages d'un navire public ou d'un navire privé qui a pris part aux hostilités.* — Lorsqu'un navire public ou un navire privé a, directement ou indirectement, pris part aux hostilités, l'ennemi ne peut retenir comme prisonniers de guerre que les seuls membres de l'équipage qui doivent être considérés comme auteurs ou complices du fait de guerre reproché au navire. (Comp. C. H. (XI). 8).

Art. 57. — *Equipages d'un navire public ou d'un navire privé résistant à une attaque illégitime.* — Les dispositions des deux articles précédents ne s'appliquent pas aux membres de l'équipage d'un navire public ou d'un navire privé qui se défend contre une attaque illégitime de l'ennemi et qui, pour la défense du navire, résistent à cette attaque. Le personnel du navire conserve en pareil cas son caractère. (Comp. E. 10).

Art. 58. — B. PASSAGERS. — Les individus qui, attachés à une escadre et embarqués sur cette force navale, suivent l'armée sans en faire partie, tels que les correspondants et les reporters de journaux, qui tombent au pouvoir de l'ennemi et que celui-ci juge utile de détenir, ont droit au traitement des prisonniers de guerre.

La même règle s'applique à ces individus s'ils sont à bord d'un navire public ou d'un navire privé. (Comp. H. 13. — I. O. 22).

Art. 59. — Les passagers qui, sans faire partie de l'équipage, se trouvent à bord d'un navire ennemi ne peuvent être retenus par l'ennemi, quand même il y aurait lieu de saisir le navire, à moins qu'ils ne se soient rendus coupables d'un acte hostile : en pareil cas, ils peuvent être faits prisonniers de guerre.

Les passagers militaires et les passagers civils déjà enrôlés ou susceptibles de l'être d'après les lois de leur pays peuvent être capturés comme prisonniers de guerre, même si le navire n'est pas susceptible de confiscation. (Comp. [illegible] L. 47. — J. 50. — E. 11).

Art. 60. — C. PERSONNEL RELIGIEUX, MÉDICAL ET HOSPITALIER. — Le personnel religieux, médical et hospitalier de tout bâtiment capturé est inviolable et ne peut être fait prisonnier de guerre. Il emporte, en quittant le navire, les objets et les instruments de chirurgie qui sont sa propriété particulière.

Ce personnel continuera à remplir ses fonctions tant que cela sera nécessaire et il pourra ensuite se retirer, lorsque le commandant en chef le jugera possible.

Les belligérants doivent assurer à ce personnel tombé entre leurs mains les mêmes allocations et la même solde qu'au personnel des mêmes grades de leur propre marine.

Jouit de la protection dont bénéficie le personnel sanitaire, le commissaire mis par le belligérant à bord du bâtiment hospitalier de son adversaire conformément à l'alinéa 10 de l'article 32.

Le personnel religieux, médical et hospitalier perd ses droits à l'inviolabilité s'il s'immisce dans les hostilités, si par exemple il fait usage de ses armes autrement que comme moyen de défense. (Comp. C. H. (X). 8 et 10. — H. 21. — I. G. 13. — E. 26).

Art. 61. — D. PARLEMENTAIRES. ÉQUIPAGE DES NAVIRES DE CARTEL. — Le personnel des navires de cartel est inviolable.

Il perd ses droits d'inviolabilité s'il est prouvé, d'une manière positive et irrécusable, qu'il a profité de sa position privilégiée pour provoquer ou commettre un acte de trahison. (Comp. H. 33 et 34. — I. G. 27 et 31).

Art. 62. — E. ESPIONS. — Les individus capturés comme espions ne peuvent exiger d'être traités comme des prisonniers de guerre. Le belligérant a le droit de les punir suivant la loi martiale.

Les espions pris sur le fait ne peuvent être punis sans jugement préalable. (Comp. H. 30. — I. G. 23 et 25).

Art. 63. — On ne doit considérer comme espion que l'individu qui, agissant clandestinement ou sous de faux prétextes, et dissimulant ainsi ses opérations, recueille ou cherche à recueillir des informations dans la zone d'opérations d'un belligérant avec l'intention de les communiquer à la partie adverse.

Ne peuvent, dès lors, être réputés espions et sont soumis au traitement des prisonniers de guerre, s'ils sont capturés, les militaires non déguisés qui ont pénétré dans la zone d'opérations de la flotte ennemie à l'effet de recueillir des informations. De même, ne sont pas regardés comme espions les militaires et les non militaires accomplissant ouvertement leur mission qui sont chargés de transmettre des dépêches ou qui se livrent à la transmission et à la réception de dépêches par télégraphie sans fil entre les diverses parties d'une flotte ou entre celle-ci et une armée ou un territoire belligérant. A cette catégorie appartiennent également les individus envoyés en aéronefs ou en hydro-aéroplanes pour faire un service d'exploration dans la zone d'opérations de la flotte ennemie ou pour entretenir des communications entre les diverses parties d'une flotte ou entre celle-ci et une armée ou un territoire belligérant. (Comp. H. 29. — I. G. 21 et 24. — J. 11).

Art. 64. — L'espion qui, ayant rejoint l'armée à laquelle il appartient, est capturé plus tard par l'ennemi est traité comme prisonnier de guerre et n'encourt aucune responsabilité pour ses actes d'espionnage antérieurs. (Comp. H. 31. — I. G. 26).

Art. 65. — F. Réquisition des nationaux de l'Etat ennemi. Guides, pilotes et otages. — Le belligérant n'a pas le droit de forcer les ennemis qui tombent en son pouvoir, et d'une manière générale les nationaux de la partie adverse, à prendre part aux opérations de guerre dirigées contre leur pays, même dans le cas où ils auraient été à son service avant le commencement de la guerre, ainsi que de les contraindre à donner des renseignements sur leur propre Etat, ses forces, sa position militaire ou ses moyens de défense.

Il ne pourra, spécialement, les obliger à lui servir de guides ou de pilotes.

Il pourra toutefois punir ceux qui sciemment et volontairement se seront offerts pour l'induire en erreur.

Il n'est pas permis de forcer les nationaux d'un belligérant à prêter serment à la puissance ennemie.

Il est interdit de prendre des otages. (Comp. H. 33, 44 et 45. — I. G. 47 et 48).

Art. 66. — G. Prisonniers de guerre. — Les prisonniers de guerre sont au pouvoir du gouvernement ennemi, mais non des individus ou des corps qui les ont capturés.

Ils doivent être traités avec humanité.

Tout ce qui leur appartient personnellement, excepté les armes et les papiers militaires, reste leur propriété. (Comp. H. 4. — I. G. 61 et 64).

Art. 67. — Les prisonniers de guerre peuvent être assujettis à l'internement sur un navire, ou dans une ville, forteresse, camp ou localité quelconque, avec obligation de ne pas s'en éloigner au delà de certaines limites déterminées ; mais ils ne peuvent être enfermés que par mesure de sûreté indispensable, et seulement pendant la durée des circonstances qui nécessitent cette mesure. (Comp. H. 5. — I. G. 66).

Art. 68. — L'Etat peut employer, comme travailleurs, les prisonniers de guerre, selon leur grade et leurs aptitudes, à l'exception des officiers. Ces travaux ne seront pas excessifs et n'auront aucun rapport avec les opérations de la guerre.

Les prisonniers peuvent être autorisés à travailler pour le compte d'administrations publiques ou de particuliers, ou pour leur propre compte.

Les travaux faits pour l'Etat sont payés d'après les tarifs en vigueur pour les militaires de l'armée nationale exécutant les mêmes travaux si les prisonniers sont des soldats de l'armée de terre, et d'après ceux en vigueur pour les marins de la flotte nationale si les prisonniers sont des soldats de l'armée de mer ; ou, s'il n'y a pas de tarifs existants, d'après un tarif en rapport avec les travaux exécutés.

Lorsque les travaux ont lieu pour le compte d'autres administrations publiques ou pour des particuliers, les conditions en sont réglées d'accord avec l'autorité militaire.

Le salaire des prisonniers contribuera à adoucir leur position, et le surplus leur sera compté au moment de leur libération, sauf défalcation des frais d'entretien. (Comp. H. 6. — I. G. 71 et 72).

Art. 69. — Le gouvernement au pouvoir duquel se trouvent les prisonniers de guerre est chargé de leur entretien.

A défaut d'une entente spéciale entre les belligérants, les prisonniers de guerre seront traités pour la nourriture, le couchage et l'habillement, suivant qu'ils appartiennent à l'armée de terre ou à l'armée de mer, sur le même pied que les troupes de terre ou les troupes de mer du gouvernement qui les aura capturés. (Comp. H. 7. — I. G. 69).

Art. 70. — Les prisonniers de guerre seront soumis, selon qu'ils appartiendront à l'armée de terre ou à l'armée de mer, aux lois, règlements et ordres en vigueur dans l'armée de terre ou dans l'armée de mer de l'Etat au pouvoir duquel ils se trouvent. Tout acte d'insubordination autorise, à leur égard, les mesures de rigueur nécessaires.

Les prisonniers évadés, qui seraient repris avant d'avoir pu rejoindre leur armée ou avant de quitter le territoire occupé par l'armée qui les aura capturés, sont passibles de peines disciplinaires.

Les prisonniers qui, après avoir réussi à s'évader, sont de nouveau faits prisonniers, ne sont passibles d'aucune peine pour la fuite antérieure. (Comp. H. 8. — I. G. 62, 67 et 68).

Art. 71. — Chaque prisonnier de guerre est tenu de déclarer, s'il est interrogé à ce sujet, ses véritables noms et grade et, dans le cas où il enfreindrait cette règle, il s'exposerait à une restriction des avantages accordés aux prisonniers de guerre de sa catégorie. (Comp. H. 9. — I. G. 65).

Art. 72. — Les prisonniers de guerre peuvent être mis en liberté sur parole. Ils sont obligés de remplir scrupuleusement les engagements qu'ils ont contractés, et leur gouvernement est tenu de n'exiger ni accepter d'eux aucun service contraire à la parole donnée.

Cette règle s'applique même au cas où les prisonniers ont accepté la liberté sur parole malgré la défense résultant des lois de leur propre pays ; leur gouvernement peut seulement les punir disciplinairement. (Comp. H. 10. — I. G. 76).

Art. 73. — Un prisonnier de guerre ne peut être contraint

d'accepter sa liberté sur parole; de même le gouvernement ennemi n'est pas obligé d'accéder à la demande du prisonnier réclamant sa mise en liberté sur parole. (Comp. H. 11. — I. G. 77).

Ar.. 74. — Tout prisonnier de guerre, libéré sur parole et repris portant les armes contre le gouvernement envers lequel il s'était engagé d'honneur, ou contre les alliés de celui-ci, perd le droit au traitement des prisonniers de guerre et peut être traduit devant les tribunaux. (Comp. H. 12. — I.G. 78).

Art. 75. — Il est constitué, dès le début des hostilités, dans chacun des Etats belligérants, et, le cas échéant, dans les pays neutres qui auront recueilli des belligérants sur leur territoire, un bureau de renseignements sur les prisonniers de guerre. Ce bureau, chargé de répondre à toutes les demandes qui les concernent, reçoit des divers services compétents toutes les indications relatives aux internements et aux mutations, aux mises en liberté sur parole, aux échanges, aux évasions, aux entrées dans les hôpitaux, aux décès, ainsi que les autres renseignements nécessaires pour établir et tenir à jour une fiche individuelle pour chaque prisonnier de guerre. Le bureau devra porter sur cette fiche le numéro matricule, les nom et prénom, l'âge, le lieu d'origine, le grade, le corps de troupe, les blessures, la date et le lieu de la capture, de l'internement, des blessures et de la mort, ainsi que toutes les observations particulières. La fiche individuelle sera remise au gouvernement de l'autre belligérant après la conclusion de la paix.

Le bureau de renseignements est également chargé de recueillir et de centraliser tous les objets d'un usage personnel, valeurs, lettres, etc., qui seront trouvés sur les champs de bataille ou délaissés par des prisonniers libérés sur parole, échangés, évadés ou décédés dans les hôpitaux et ambulances, et de les transmettre aux intéressés. (Comp. H. 14).

Art. 76. — Les sociétés de secours pour les prisonniers de guerre, régulièrement constituées selon la loi de leur pays et ayant pour objet d'être les intermédiaires de l'action charitable, recevront, de la part des belligérants, pour elles et pour leurs agents dûment accrédités, toute facilité, dans les limites tracées par les nécessités militaires et les règles administratives, pour accomplir efficacement leur tâche d'humanité. Les délégués de ces sociétés pourront être admis à distribuer des secours dans les dépôts d'internement, ainsi qu'aux lieux d'étapes des prisonniers rapatriés, moyennant une permission personnelle délivrée par l'autorité militaire, et, en prenant l'engagement par écrit de se soumettre à toutes les mesures d'ordre et de police que celle-ci prescrirait. (Comp. H. 15).

Art. 77. — Les bureaux de renseignements jouissent de la franchise de port. Les lettres, mandats et articles d'argent, ainsi que les colis postaux destinés aux prisonniers de guerre ou expédiés par eux, seront affranchis de toutes les taxes postales, aussi bien dans les pays d'origine et de destination que dans les pays intermédiaires.

Les dons et secours en nature destinés aux prisonniers de guerre seront admis en franchise de tous droits d'entrée et autres, ainsi que des taxes de transport sur les chemins de fer exploités par l'Etat. (Comp. H. 16).

Art. 78. — Le gouvernement accordera aux officiers prisonniers entre ses mains, suivant qu'ils appartiendront à l'armée de terre ou à l'armée de mer, la solde à laquelle ont droit les officiers de même grade de son armée ou de sa marine, à charge de remboursement par leur gouvernement. (Comp. H. 17).

Art. 79. — Toute latitude est laissée aux prisonniers de guerre pour l'exercice de leur religion, y compris l'assistance aux offices de leur culte, à la seule condition de se conformer aux mesures d'ordre et de police prescrites par l'autorité militaire. (Comp. H. 18).

Art. 80. — Les testaments des prisonniers de guerre sont reçus ou dressés dans les mêmes conditions que pour les militaires et marins de l'armée nationale.

On suivra également les mêmes règles en ce qui concerne les pièces relatives à la constatation des décès, ainsi que pour l'inhumation des prisonniers de guerre, en tenant compte de leur grade et de leur rang. (Comp. H. 19).

Art. 81. — Les règles qui précèdent, dans la mesure où il est possible de les appliquer, doivent être suivies vis-à-vis des prisonniers de guerre dès le moment de leur capture, alors qu'ils sont sur le navire qui les conduit au lieu de leur internement.

Art. 82. — Après la conclusion de la paix, le rapatriement des prisonniers de guerre s'effectuera dans le plus bref délai possible. (Comp. H. 20. — I. G. 73).

Art. 83. — H. BLESSÉS, MALADES, NAUFRAGÉS ET MORTS. — Les bâtiments employés au service hospitalier porteront secours et assistance aux blessés, malades et naufragés des belligérants sans distinction de nationalité. (Comp. C. H. (X). 4. — H. 21. — I. G. 10. — E. 27).

Art. 84. — Dans le cas où un belligérant capture un navire ennemi ou un bâtiment hospitalier qui n'a point rempli ses obligations, les marins et les militaires embarqués et les autres personnes officiellement attachées aux marines ou aux armées, blessés, malades ou naufragés, à quelque nation qu'ils appartiennent, seront respectés et soignés par les capteurs. (Comp. C. H. (X). 11. — H. 21. — I. G. 10. — E. 27).

Art. 85. — Tout vaisseau de guerre d'une partie belligérante peut réclamer la remise des blessés, malades ou naufragés, qui sont à bord de bâtiments-hôpitaux militaires, de bâtiments hospitaliers de société de secours ou de particuliers, de navires de commerce, yachts et embarcations, quelle que soit la nationalité de ces bâtiments. (Comp. C. H. (X). 12. — H. 21).

Art. 86. — Sont prisonniers de guerre les naufragés, blessés ou malades d'un belligérant qui tombent au pouvoir de l'autre. Il appartient à celui-ci de décider, suivant les circonstances, s'il convient de les garder, de les diriger sur un port de sa nation, sur un port neutre ou même sur un port de son adversaire. Dans ce dernier cas, les prisonniers ainsi rendus à leur pays ne pourront servir pendant la durée de la guerre. (Comp. C. H. (X). 14. — H. 21. — E. 28).

Art. 87. — Après chaque combat, les deux parties belligérantes, en tant que les intérêts militaires le comportent, prendront des mesures pour rechercher les naufragés, les blessés et les malades et pour les faire protéger, ainsi que les morts, contre le pillage et les mauvais traitements.

Elles veilleront à ce que l'inhumation, l'immersion ou l'incinération des morts soit précédée d'un examen attentif de leurs cadavres. (Comp. C. H. (X). 16. — H. 21).

Art. 88. — Chaque belligérant enverra, dès qu'il sera possible, aux autorités de leur pays, de leur marine ou de leur armée, les marques ou pièces militaires d'identité trouvées sur les morts et l'état nominatif des blessés ou malades recueillis par lui.

Les belligérants se tiendront réciproquement au courant des internements et des mutations, ainsi que des entrées dans les hôpitaux et des décès survenus parmi les blessés et malades en leur pouvoir. Ils recueilleront tous les objets d'un usage personnel, valeurs, lettres, etc., qui seront trouvés dans les vaisseaux capturés, ou délaissés par les blessés ou malades décédés dans les hôpitaux, pour les faire transmettre aux intéressés par les autorités de leur pays. (Comp. C. H. (X). 17. — H. 21).

Art. 89. — En cas d'opérations de guerre entre les forces de terre et de mer des belligérants, les dispositions du présent règlement sur l'assistance hospitalière ne seront applicables qu'aux forces embarquées. (Comp. C. H. (X). 22. — H. 21).

## Section VI. — *Des droits et devoirs du belligérant en territoire occupé.*

Art. 90. — Occupation : Étendue et effets. — Un territoire est considéré comme occupé lorsqu'il se trouve placé de fait sous l'autorité de la force armée ennemie.

L'occupation ne s'étend qu'aux territoires où cette autorité est établie et en mesure de s'exercer.

Les seules parties du territoire de l'ennemi susceptibles d'être occupées militairement au point de vue de la guerre sur mer sont celles qui dépendent de son territoire maritime, c'est-à-dire les golfes, les baies, les rades, les ports et les eaux territoriales ; toute occupation d'un territoire continental, fût-elle opérée par les troupes navales du belligérant, est soumise aux lois concernant la guerre sur terre. (Comp. H. 42. — I. O. 41).

Art. 91. — Les règles relatives à la condition des biens et des personnes de l'ennemi, telles qu'elles ont été déterminées aux sections IV et V, s'appliquent en territoire occupé, sauf les modifications qui suivent. (Comp. H. 44, 45, 46, 52, 53, 54 et 56. — E. 12).

Art. 92. — L'occupation militaire ne transporte pas au belligérant une entière souveraineté sur les lieux occupés ; elle lui donne seulement le droit de prendre les mesures nécessaires pour assurer l'ordre public et garantir sa propre sécurité.

L'occupant doit maintenir les lois qui étaient en vigueur dans le pays en temps de paix et ne les modifier, ne les suspendre ou ne les remplacer que s'il y a nécessité. (Comp. H. 43. — I. O. 43 et 44).

Art. 93. — L'entrée, la sortie et le séjour des navires dépendent des lois et des règlements en vigueur avant l'occupation, sauf les modifications que l'occupant y aura régulièrement apportées.

Art. 94. — L'occupant peut prélever dans les eaux occupées les impôts, droits et péages établis au profit de l'État, en le faisant, autant que possible, d'après les règles de l'assiette et de la répartition en vigueur; il en résultera pour lui l'obligation de pourvoir aux frais de l'administration du territoire occupé dans la mesure où le gouvernement légal y était tenu. (Comp. H. 48. — I. G. 57).

Art. 95. — Si, en dehors des impôts visés à l'article précédent, l'occupant prélève d'autres contributions en argent dans le territoire occupé, ce ne pourra être que pour les besoins de la flotte ou de l'administration de ce territoire.

Aucune contribution ne sera perçue qu'en vertu d'un ordre écrit et sous la responsabilité d'un commandant en chef. Il ne sera procédé, autant que possible, à cette perception que d'après les règles de l'assiette et de la répartition des impôts en vigueur. Pour toute contribution, un reçu sera délivré aux contribuables. (Comp. H. 49 et 51. — I. G. 58).

Art. 96. — Les fonctionnaires et employés civils de tout ordre, s'ils consentent à continuer leurs fonctions, sans qu'un serment ait pu être réclamé d'eux, jouiront de la protection de l'occupant.

Ils ne doivent être punis disciplinairement que s'ils manquent aux obligations librement acceptées par eux, et livrés à la justice que s'ils les trahissent. (Comp. I. G. 45).

Art. 97. — L'occupant ne doit entraver en rien l'action de la justice du pays occupé toutes les fois qu'il n'est pas directement intéressé.

Les tribunaux militaires de la flotte d'occupation jugeront d'après les lois de celle-ci les crimes et délits militaires ou attentatoires à la sûreté des troupes, même accomplis par des habitants du territoire occupé, et les infractions de droit commun commises par ou contre des individus appartenant à la force armée occupante.

Art. 98. — Aucune peine collective, pécuniaire ou autre, ne

pourra être édictée contre les populations, à raison de faits individuels dont elles ne pourraient être considérées comme solidairement responsables. (Comp. H. 50).

Art. 99. — Les habitants du territoire maritime occupé qui se soulèvent en masse contre l'ennemi, notamment en armant leurs navires pour le combattre, n'ont pas droit au traitement des prisonniers de guerre; ils seront déférés aux tribunaux militaires de l'occupant et punis en vertu de la loi martiale. (Comp. I. G. 47. — Instructions de 1863 pour les armées en campagne des États-Unis d'Amérique. 85. — Projet russe à la Conférence de Bruxelles de 1874 concernant les lois et coutumes de la guerre).

## SECTION VII. — *Des conventions entre belligérants. Fin des hostilités.*

Art. 100. — RÈGLES GÉNÉRALES. — Le commandant d'une force navale belligérante peut, sans une autorisation spéciale de son gouvernement, conclure, dans les limites de ses attributions, avec le commandant des troupes adverses, des conventions relatives à la réception des parlementaires, à l'échange des prisonniers, à la sépulture des morts, des suspensions d'armes, des capitulations, et d'une manière générale tous accords qui ont pour objet des intérêts militaires déterminés, éventuels ou temporaires, relatifs aux opérations de guerre.

Au contraire, les armistices, et généralement les conventions pour pourvoir aux intérêts généraux des armées et qui peuvent présenter un caractère politique, doivent en principe être conclus par un accord entre les gouvernements respectifs des Etats belligérants; ils ne peuvent être convenus par les commandants des troupes ennemies sans une autorisation spéciale de leurs gouvernements. (Comp. B. 51).

Art. 101. — Toutes conventions entre belligérants doivent être scrupuleusement observées par les deux parties. (Comp. H. 35).

Art. 102. — CAPITULATIONS. — Les capitulations, c'est-à-dire les conventions par lesquelles une flotte, un vaisseau ou une force armée quelconque se soumet à l'ennemi, doivent tenir compte des règles de l'honneur militaire. (Comp. H. 35).

Art. 103 — Les chefs qui souscrivent une capitulation ne peuvent céder, sans y être spécialement autorisés, les droits inhérents à la souveraineté de l'Etat, ni préjuger les termes dans lesquels la paix devra être conclue.

Art. 104. — Après avoir conclu une capitulation, le commandant ne peut endommager ni détruire les navires, objets ou approvisionnements en sa possession qu'il doit livrer, à moins que le droit d'agir ainsi ne lui ait été expressément réservé dans la capitulation. (Comp. E. 52).

Art. 105. — SUSPENSIONS D'ARMES. — Les suspensions d'armes n'obligent que les troupes placées sous le commandement direct et immédiat des contractants.

Elles entraînent, comme l'armistice, mais pour un temps plus limité, l'interruption des hostilités.

L'accord qui les établit doit fixer avec précision leur point de départ et le moment où doit cesser leur effet. S'il n'y a pas de délai fixé pour la reprise des hostilités, le belligérant qui se propose de continuer la lutte doit en prévenir l'ennemi en temps utile.

La rupture d'une suspension d'armes par l'un des belligérants autorise l'autre à reprendre immédiatement la lutte.

ART. 106. — ARMISTICE. — L'armistice suspend les opérations de guerre.

Aucun blocus ne peut donc être établi après la conclusion de l'armistice. Les blocus établis au moment de l'armistice ne sont pas levés, à moins d'une stipulation spéciale dans la convention.

Le droit de visite continue à pouvoir être exercé. Il en est de même du droit de saisie, mais la confiscation ne peut être prononcée pendant la durée de l'armistice. (Comp. H. 36. — I. P. 5. — R. 17).

Art. 107. — L'armistice peut être général ou local. Le premier suspend partout les opérations de guerre des Etats belligérants; le second, seulement entre certaines fractions des armées belligérantes et dans un rayon déterminé. (Comp. H. 37).

Art. 108. — La convention qui stipule un armistice doit indiquer avec précision le moment où il commence et celui où il doit finir.

L'armistice doit être notifié officiellement et en temps utile aux autorités compétentes ainsi qu'aux forces tant militaires que navales. (Comp. H. 38).

Art. 109. — Les hostilités sont suspendues au terme fixé par la convention ou, si un terme n'a pas été établi, immédiatement après la notification de l'armistice.

Si la durée de l'armistice n'a pas été déterminée, les parties belligérantes peuvent reprendre en tout temps les opérations, pourvu toutefois que l'ennemi soit averti en temps utile. (Comp. H. 36 et 38).

Art. 110. — Les clauses de l'armistice naval fixeront, au cas où elles admettraient l'accès des vaisseaux de guerre des belligérants à certains points du littoral ennemi, les conditions de cet accès et les rapports de ces vaisseaux soit avec les autorités locales, soit avec les populations (Comp. H. 39).

Art. 111. — Toute violation grave de l'armistice par l'une des parties donne à l'autre le droit de le dénoncer et même, en cas d'urgence, de reprendre immédiatement les hostilités. (Comp. H. 40).

Art. 112. — La violation des clauses de l'armistice par des particuliers isolés, agissant de leur propre initiative, donne droit seulement à réclamer la punition des coupables et, s'il y a lieu, une indemnité pour les pertes éprouvées. (Comp. H. 41).

Art. 113. — PAIX. — Les actes d'hostilité doivent cesser par la signature de la paix. L'avis de la fin de la guerre, pour être obligatoire, doit être notifié par chaque gouvernement au commandant de ses forces navales. Les actes hostiles accomplis après réception de l'avis officiel du traité de paix seront déclarés nuls et non avenus. (Comp. E. 53. — R. 17).

## SECTION VIII. — *Des formalités de la saisie et du jugement des prises.*

Art. 114. — FORMALITÉS DE LA SAISIE. — Lorsque, après la visite qui en aura été faite, un navire ennemi est reconnu susceptible de capture, l'officier qui opère la saisie doit :

1° Mettre sous scellés, après les avoir inventoriés, tous les papiers de bord du navire ;

2° Dresser un procès-verbal de la saisie, ainsi qu'un inventaire du bâtiment ;

3° Constater l'état de la cargaison, dont il sera dressé un inventaire, puis faire fermer les écoutilles de la cale, les coffres et les soutes et y apposer les scellés ;

4° Dresser la liste des personnes trouvées à bord ;

5° Mettre à bord du navire saisi un équipage suffisant pour s'assurer du navire et y maintenir l'ordre et le conduire dans tel port qu'il appartiendra.

S'il le juge à propos, le capteur peut, au lieu de détacher un équipage à bord du navire, se borner à l'escorter. (Comp. I. P. 45 et s. — P. 15. — J. 74 et s. — R. 18).

Art. 115. — En dehors des personnes susceptibles d'être considérées comme prisonniers de guerre ou d'être punies, le belligérant ne peut retenir sur le navire saisi que pendant un délai raisonnable ceux qu'il est nécessaire d'entendre comme témoins pour la constatation des faits : à moins d'empêchement absolu, il doit les remettre en liberté après avoir dressé procès-verbal de leurs dépositions.

Si des circonstances spéciales le commandent, le capitaine et les officiers du navire saisi peuvent être pris à bord du capteur. (Comp. I. P. 52 et s. — E. 48. — F. 19. — J. 78. — R. 18).

Art. 116. — Le navire saisi doit être conduit dans un port de l'État capteur ou dans celui d'une puissance alliée, aussi proche que possible, susceptible d'offrir un abri sûr et ayant des communications faciles avec le tribunal des prises chargé de statuer sur la saisie. Il ne peut être amené dans un port d'une puissance neutre que pour cause d'innavigabilité, de mauvais état de la mer, de manque de combustible ou de provisions.

Pendant le voyage, la prise naviguera avec le pavillon et la flamme, insigne des navires militaires de l'État. (Comp. D. L. 48. — C. H. (XIII). 21. — I. P. 58 et s. — E. 46. — F. 18. — F. C. 13 et 14. — J. 88 et s. — R. 22).

Art. 117. — Le navire saisi et la cargaison seront, autant que possible, maintenus intacts durant leur voyage au port.

Si la cargaison consiste en choses susceptibles de se détériorer facilement, le capteur, d'accord avec le capitaine du navire saisi et en sa présence, prendra les mesures les plus convenables pour la conservation de ces choses. (Comp. I. P. 46 et 62. — J. 84 et s.).

Art. 118. — DESTRUCTION DES NAVIRES SAISIS. — Il n'est permis au capteur de détruire les navires ennemis saisis qu'en présence d'une nécessité exceptionnelle, c'est-à-dire lorsque l'exigent la sécurité du navire capteur ou le succès des opérations de guerre dans lesquelles celui-ci est actuellement engagé.

Avant la destruction les personnes qui se trouvent à bord devront être mises en sûreté, et tous les papiers de bord et autres pièces que les intéressés estimeront utiles pour le jugement sur la validité de la capture devront être transbordés sur le navire capteur.

Il sera dressé procès-verbal de la destruction du navire saisi et des motifs qui l'ont amenée. (Comp. D. L. 49 et 50. —

I. P. 50 et 51. — E. 14 et 50. — F. C. 20. — J. 91 et 92. — R. 21).

Art. 119. — EMPLOI DES NAVIRES SAISIS. — Si le navire ennemi saisi ou sa cargaison est nécessaire au capteur pour un usage public immédiat, il peut les employer à cet usage. Dans ce cas, il sera fait du navire et de la cargaison, par des personnes impartiales, une estimation et un inventaire soigneux qui, joints au dossier de la saisie, seront transmis au tribunal des prises. (Comp. E. 14 et 49. — F. 20).

Art. 120. — PERTE DES PRISES PAR FORTUNE DE MER. — Si une prise est perdue par fortune de mer, on doit constater le fait avec soin. Aucune indemnité n'est due, dans ce cas, ni pour le navire, ni pour le chargement, à moins qu'après jugement la prise n'eût été annulée. (Comp. F. C. 19).

Art. 121. — REPRISE. — Tout navire pris par un navire de guerre d'un belligérant peut être l'objet de reprise par un navire de guerre de l'autre belligérant, quel que soit d'ailleurs le temps durant lequel la prise est restée au pouvoir de l'ennemi avant d'être reprise. (Comp. I. P. 119 et 121. — J. 73. — R. 34).

Art. 122. — RESCOUSSE. — Lorsqu'un navire pris, puis repris, vient à être enlevé au recapteur, le dernier capteur a seul des droits sur lui.

Art. 123. — JUGEMENT DES PRISES. — Le navire saisi et son chargement, une fois entrés dans un port de l'État capteur ou dans celui d'une puissance alliée, sont remis à l'autorité publique compétente, avec tous les documents nécessaires. Cette autorité informera immédiatement le tribunal des prises de l'arrivée du navire et de son chargement. (Comp. I. P. 65 et s. — J. 98. — R. 23 et 25).

Art. 124. La légalité et la régularité de la saisie des navires ennemis et de leur cargaison doivent être établies devant une juridiction des prises.

La juridiction des prises est exercée par les tribunaux de prises du belligérant capteur.

Les décisions des tribunaux de prises nationaux peuvent être l'objet d'un recours devant la Cour internationale des prises instituée par la convention de La Haye du 18 octobre 1907. (Comp. C. H. (XII). 1, 2 et 3. — F. 17. — R. 27).

Art. 125. — Toute reprise doit également être jugée par la juridiction des prises. (Comp. I. P. 120).

Art. 126. — Un Etat belligérant ne pourra s'approprier le navire ou les marchandises qu'il a saisis durant la guerre qu'après que la juridiction des prises lui aura reconnu le droit de prise sur ce navire ou sur ces marchandises. (Comp. I. P. 110. — E. 49. — R. 27).

Art. 127. — Si la saisie du navire ou des marchandises n'est pas validée par la juridiction des prises, ou si, sans qu'il y ait eu de mise en jugement, la saisie n'est pas maintenue, les intéressés ont droit à des dommages et intérêts, à moins qu'il y ait eu des motifs suffisants de saisir le navire ou les marchandises. (Comp. C. H. (XII) 8. — D. L. 64. — R. 28 et s.).

Art. 128. — Dans le cas de destruction d'une prise, le capteur sera tenu d'indemniser les intéressés, s'il n'est pas justifié par lui de la nécessité exceptionnelle de la destruction ou si, la destruction ayant été justifiée, la saisie est ensuite déclarée nulle. Si des marchandises qui n'étaient pas susceptibles de confiscation ont été détruites avec le navire, le propriétaire de ces marchandises a droit à une indemnité.

Au cas où le capteur a fait emploi du navire ou de la cargaison après la saisie, il devra, si celle-ci est reconnue illégitime, payer aux intéressés la valeur de ce navire ou de cette cargaison d'après les documents dressés au moment de l'emploi. (Comp. C. H. (XII). 8. — D. L. 51, 52 et 53. — R. 29).

Art. 129. — A la différence des bâtiments publics non militaires et des navires privés ennemis, les navires de la marine militaire d'un Etat belligérant capturés par l'adversaire deviennent, ainsi que leur matériel, la propriété de l'Etat du capteur, dès qu'ils sont tombés en la possession de celui-ci, sans que doive intervenir une décision de la juridiction des prises. (Comp. R. 27. — I. 227).

Art. 130. — Les prises faites sur l'ennemi ne peuvent pour aucune part être attribuées aux équipages des navires qui les ont opérées. (Comp. Proposition de la Délégation française à la deuxième Conférence de la Paix de La Haye, *Actes et documents de la deuxième Conférence*, t. III, p. 1148).

Fontenay-aux-Roses, 5 mars 1912.

---

# ANNEXES

**Réponses des Membres et Associés de l'Institut de droit international au questionnaire de M. Paul Fauchille concernant le Manuel des lois de la guerre maritime.**

---

## A. — Observations de M. Charles Dupuis

I. — Convient-il, pour établir le manuel de l'Institut de droit international sur les lois et coutumes de la guerre maritime, de suivre l'ordre des chapitres et des articles du règlement de La Haye du 18 octobre 1907, concernant les lois et coutumes de la guerre sur terre? S'il n'y a pas lieu de se conformer à cet ordre, quelle distribution des matières faudrait-il admettre?

Il semble que les trois grandes divisions du règlement de La Haye pourraient être conservées. Ces trois grandes divisions ou sections sont intitulées : des belligérants; des hostilités; de l'autorité militaire sur le territoire ennemi. Il faudrait toutefois apporter diverses modifications dans les chapitres des trois sections et élargir le titre de la dernière qui pourrait devenir : de l'autorité militaire sur le territoire ennemi et en haute mer; il est clair, d'ailleurs, que les droits de l'autorité militaire en haute mer ont une importance beaucoup plus grande dans la guerre maritime que ses droits sur le territoire ennemi; l'occupation d'un territoire ennemi par les forces navales est rare tandis que le droit de capture, sanction de l'interdiction de l'usage de la mer, peut être considéré comme un moyen de coercition correspondant à l'occupation du territoire par l'armée de terre.

II. — Quelles sont les dispositions du règlement de La Haye relativement aux lois et coutumes de la guerre sur terre, qui peuvent être déclarées applicables aux opérations de la guerre sur mer? Quelles sont celles qui ne peuvent s'y appliquer ?

Peuvent-être déclarées applicables aux opérations de la guerre sur mer, sans hésitation, les dispositions des articles 3 à 20, 22-24, 29-31, 35-41. Peuvent également être déclarées applicables, mais non peut-être sans quelque hésitation et sous certaines modifications, les articles, 1, 2, 32-34, 42-56.

Ne peuvent pas s'appliquer les dispositions des articles 25-28 qui doivent être remplacées par celles de la convention concernant le bombardement par des forces navales en temps de guerre.

III. — Les dispositions du règlement reconnues applicables doivent-elles figurer dans le manuel telles que la deuxième Conférence de la Paix les a consacrées, sauf les modifications de forme nécessaires pour leur adaptation à la guerre maritime, ou l'Institut doit-il leur faire subir, quant au fond, les modifications qui constitueraient, dans sa pensée, des améliorations ?

Il ne semble pas qu'il y ait lieu d'interdire à l'Institut d'améliorer les dispositions arrêtées à La Haye, notamment la disposition défectueuse de l'article 10 dont l'amélioration ne paraît devoir soulever aucune difficulté. Mais, en vue d'assurer le vote en bloc du projet de manuel, il sera prudent de s'en tenir aux améliorations qui ne paraissent pas devoir provoquer d'opposition. Sur les points controversés, des modifications ou additions pourraient, sans doute, être proposées, mais il conviendrait, semble-t-il, qu'elles le fussent en quelque sorte, à côté du projet de manuel, de façon à pouvoir être admises ou rejetées sans que la sort du manuel entier fût lié au leur. Elles pourraient faire l'objet de votes séparés soit avant soit après le vote sur l'ensemble.

IV. — En dehors des questions prévues dans le règlement de La Haye, en existe-t-il d'autres, relatives à la guerre maritime, qu'il y aurait lieu de faire figurer dans le manuel de l'Institut? Dans le cas de l'affirmative, quelles seraient ces questions et quelle solution conviendrait-il de leur donner ?

Il semble impossible de ne pas mentionner le droit de capture de la propriété ennemie sous pavillon ennemi, ce qui entraine à indiquer ce qu'il faut entendre par propriété ennemie et pavillon ennemi; à cet égard il serait, sans doute, prudent de s'en tenir aux dispositions inscrites dans la déclaration de Londres.

V. — En ce qui concerne les règles touchant la guerre maritime qui ont fait à La Haye l'objet de conventions spéciales, comme celles sur l'ouverture des hostilités, sur le régime des navires de commerce ennemis au début des hostilités, sur la transformation des navires de commerce en bâtiments de guerre, sur la pose des mines sous-marines, sur le bombardement par des forces navales, sur l'adaptation à la guerre maritime des principes de la convention de Genève, sur certaines restrictions à l'exercice du droit de capture sur mer, faut-il procéder par un simple renvoi à ces conventions, ou convient-il d'insérer dans le manuel de l'Institut le texte même des articles de ces conventions ?

Un simple renvoi paraît insuffisant. L'intérêt du manuel projeté semble consister surtout dans le groupement des dispositions qui doivent être connues des belligérants; ce groupement est une simplification et une classification de règles qui ont d'autant plus de chances d'être connues et appliquées qu'elles se présenteront sous une forme moins compliquée. Seule, la convention concernant les secours aux malades et blessés pourrait faire l'objet d'un simple renvoi, à raison de son objet très-spécial et du fait qu'il a été ainsi procédé dans le règlement de La Haye de 1907 sur les lois et coutumes de la guerre sur terre. En ce qui concerne les autres conventions, il conviendrait d'en insérer dans le manuel les dispositions essentielles sauf à substituer, pour les mines sous-marines, les règles admises par l'Institut à Paris et à Madrid, aux règles insérées dans la convention de La Haye de 1907.

CHARLES DUPUIS.

## B. — Observations de M. Westlake

1. Je n'attache pas assez d'importance à l'ordre et à la distribution des matières à traiter dans le nouveau manuel pour avoir une opinion arrêtée là-dessus.

2. Presque tout le contenu du règlement de La Haye relatif aux lois et coutumes de la guerre sur terre, hormis la section sur l'autorité militaire sur le territoire de l'État ennemi, est applicable aux opérations de la guerre sur mer, sauf les modifications de forme rendues nécessaires par le changement de la matière.

3. Il y a une différence si grande entre les situations qui se produisent dans la guerre de terre et dans la guerre de mer qu'il serait très incommode, même impossible, sans le sacrifice complet de la clarté de la rédaction, de réunir sous de seules et uniques formules les règles à appliquer à ces diverses situations. Il faut qu'il y ait deux manuels.

4. Le nouveau manuel devrait comprendre une section sur l'autorité militaire sur les droits maritimes de l'État ennemi, remplaçant celle du manuel actuel sur l'autorité militaire sur le territoire de l'État ennemi.

J. Westlake.

17 décembre 1911.

## C. — Observations de M. de Bustamante.

13 janvier 1912.

CHER MONSIEUR ET TRÈS HONORÉ COLLÈGUE,

J'ai l'honneur de répondre, en me conformant aux demandes qu'il contient, au questionnaire relatif au manuel sur les lois et coutumes de la guerre maritime.

I. — Je crois qu'il est bon de suivre la distribution en sections et chapitres du règlement de La Haye du 18 octobre 1907, concernant les lois et coutumes de la guerre terrestre.

Il faut tâcher de réaliser la plus grande égalité possible dans la forme extérieure des réglementations terrestre et maritime. Ceci permettra, dans un délai plus ou moins court, la fusion des deux règlements en un seul et, partant, l'application des mêmes principes fondamentaux à la guerre, non seulement sur terre et sur mer, mais encore dans les airs.

Il est certain que l'ordre des articles devra être changé, à cause de la nécessité où l'on sera de leur adjoindre certaines règles de détail propres à la guerre maritime. Je citerai plus loin quelques unes de ces règles.

II. — En modifiant la rédaction, de façon à ce qu'elle contienne les navires et leurs équipages, ainsi que les opérations spéciales à la guerre maritime, tous les articles de la 1^re^ section, depuis le 1^er^ jusqu'au 21^me^, peuvent rester dans le manuel projeté. La rédaction de ce dernier devra se référer à l'adaptation à la guerre maritime de la convention de Génève par la deuxième Conférence de la Paix. On doit faire entrer dans le 2^me^ chapitre de cette section, relative aux prisonniers de guerre, les règles de la convention de La Haye de 1907 sur le régime des équipages des navires marchands ennemis capturés par un belligérent, pour les cas où la capture sera licite, pour contrebande de guerre, violation de blocus, etc.

On peut aussi appliquer à la guerre maritime, moyennant les modifications de forme nécessaires, les dispositions des 2me et 3me sections. Toutes peuvent s'appliquer à des opérations de ce genre de guerre. Parmi elles figure l'inviolabilité de la propriété privée, que l'Institut doit apporter à son manuel, quelles que soient les probabilités de succès que cette idée puisse avoir dans de futures Conférences internationales. L'Institut doit insister sur le deuxième des accords pris à La Haye le 31 août 1875 et n'établir aucune réglementation qui pourrait venir à l'encontre de ces accords.

III. — Mon opinion est que l'Institut, en prenant comme base de son manuel les dispositions utiles du règlement de 1907, doit leur faire supporter, quant au fond, les modifications qui, à son avis, lui paraîtront des améliorations. L'Institut ne poursuit sûrement pas le petit et passager succès d'avoir bien préparé un avant-projet pour la troisième Conférence de la Paix, mais bien celui, brillant et définitif, d'avoir servi d'instrument, une fois de plus, à la conscience juridique du monde civilisé.

IV. — En plus des questions prévues dans le règlement de La Haye et de celle déjà indiquée dans le n° 1, l'Institut doit résoudre, dans le manuel, toutes celles que font naître, dans la guerre maritime, les relations entre belligérants. Parmi elles figurent celles déjà étudiées par la deuxième Conférence de la Paix, quelques-unes résolues par la Conférence de Londres, quelques autres nées de progrès récents. La plus importante de ces dernières est peut-être celle créée par l'usage de la télégraphie sans fil sur les navires marchands ennemis, une fois consacré le principe de l'inviolabilité de la propriété privée. La règle générale, contenue dans le 2me paragraphe de l'article 53 du règlement de La Haye, demande un complément applicable à ce sujet. La deuxième Conférence de la Paix toucha incidemment à cette question, qui doit être réglementée fondamentalement.

V. — Pour que le manuel de l'Institut soit complet et n'oblige pas ceux qui le consulteront à une série de recherches complémentaires, il serait opportun de lui adjoindre ce qui a trait aux problèmes de droit maritime réglementés par la deuxième Conférence de la Paix. Si cette réglementation devait être acceptée intégralement, il suffirait peut-être d'un renvoi dans le texte du manuel, les arrangements de La Haye déjà mentionnés étant imprimés comme appendice de celui-ci. Mais, comme certains de leurs articles doivent être modifiés, l'Institut faisant à l'avance la revision probable des futures Conférences officielles, il est nécessaire qu'ils fassent partie du texte du manuel.

Persuadé que toutes ces questions seront résolues avec une grande compétence et une réussite absolue par la Commission dont vous faites partie, je vous prie d'accepter, chez Monsieur et honorable Collègue, les assurances de ma considération la plus distinguée.

Antonio S. de Bustamante.

## D. — Observations et réponses de M. T. E. Holland.

*Observations préliminaires.*

Je suis parfaitement de l'avis de M. le rapporteur de notre Sous-Commission, qu'il est à désirer que « les troupes de mer aient, comme les troupes de terre, des instructions nettes et précises, communes à tous les Etats »; mais je crois que les questions dont nous allons nous occuper sont d'une si grande délicatesse, et se prêtent à tant de controverses qu'il ne sera pas possible de les trancher par un vote de l'Institut, sans discussion préalable, en séance plénière.

Il n'y a pas d'analogie entre la procédure suivie pour la préparation du manuel d'Oxford et celle que vient de recommander notre rapporteur. La considération des lois de la guerre sur terre initiée par l'Institut en 1874, spécialement à l'égard de la déclaration de Bruxelles, s'est prolongée pendant plusieurs années.

La Commission y relative a reçu, en 1878, un nouveau mandat : celui de comparer les règlements des divers Etats sur ce sujet. En 1879, à Bruxelles, après avoir entendu le rapport fait à cet égard par M. Moynier, l'Institut a chargé la Commission de la préparation d'un projet de manuel. La Commission s'est réunie à Bruxelles même, afin d'indiquer à M. Moynier de quels documents il devait s'inspirer en esquissant son projet. M. Moynier a pu adresser son projet au mois de février 1880 à tous les membres et associés, et il a profité de leurs réponses. En juin de cette année, six membres de la Commission (dont je me trouve être le seul survivant !) se sont réunis à Heidelberg, en séance spéciale, pour la revision du projet, qui, ainsi revisé, a encore circulé et provoqué les observations des membres de l'Institut. A Oxford même, en septembre 1880, le projet a subi des retouches de la part de la Commission, avant d'être effectivement présenté à l'Institut, qui l'a adopté en bloc.

La matière avait été mûrement discutée pendant des années, et le manuel traitait de questions déjà réglementées par le droit coutumier, et qui ne rencontraient pas, comme celles relatives aux hostilités sur mer, des différences de vues entre les Etats maritimes.

Avant même de mettre la main à l'œuvre, il faudrait répondre à certaines « questions préjudicielles », par exemple : Est-ce que nous devons faire commencer le nouveau manuel, comme a commencé celui d'Oxford, par un « avant-propos » ou par des « principes généraux » ? (Je crois que non). Est-ce que notre manuel doit toucher à la manière de commencer une guerre? (Selon moi, c'est l'affaire des Etats, non pas de leurs forces armées). Quelles sont les « instructions » nationales qu'il serait utile d'examiner, en les analysant, en vue de la préparation de notre manuel? Est-ce que la convention N° IV de 1907, concernant les lois et coutumes de la guerre sur terre, peut être consultée avec fruit? (Voir mes réponses au questionnaire). Quelles sont les matières principales à régler et quel sera leur groupement naturel? (Voir mes réponses). Quelles prévisions des conventions de 1907 doivent être incorporées, après remaniement, dans notre manuel?

*Réponses au questionnaire.*

1. Je ne suis pas d'avis qu'il soit possible de suivre l'ordre des chapitres et des articles du règlement de La Haye concernant les lois et coutumes de la guerre sur terre. Les questions qui peuvent se présenter dans une guerre maritime diffèrent *toto cœlo*, comme je l'ai déjà fait observer, de celles que font surgir les hostilités sur terre. Les principes applicables à la solution des deux espèces de questions diffèrent ainsi. Je ne suis pas du tout disposé à m'incliner devant l'autorité de Napoléon (cité par notre rapporteur) quand il annonçait, dans son décret de Berlin, que « le droit de la guerre est un et le même sur terre et sur mer ». Il a dit cela, ayant égard plutôt à ses propres intérêts qu'au *jus gentium*.

Pour la distribution des matières, on fera mieux de s'inspirer des instructions nationales, de celles, par exemple, publiées par les Etats-Unis, la France, le Japon, la Grande-Bretagne. (Voir mon *Manuel of Naval Prize Law*, de 1888), etc., etc.

2. Nous ne pourrons nous servir que de très peu des dispositions du règlement de La Haye de 1907 sur les lois et coutumes de la guerre sur terre. Le chapitre I de la section I devrait être tout à fait remanié. Il y faudrait, par exemple, définir le « navire de guerre ». La plupart des articles du chapitre II seraient hors de place. Au chapitre III devraient être substituées des dispositions de la convention de La Haye, N° X. De la section II, chapitre I, bien des choses sont inapplicables; par exemple, le 23 (*f*), le 23 (*g*), surtout le 23 (*h*), qu'il est impossible d'interpréter et qui doit en tout cas être frappé de nullité. Comparez ici les conventions VIII, IX et XI de 1907. Les chapitres II-V devraient être remaniés. De la section III il faut omettre les articles relatifs au pillage, aux réquisitions, etc., qui doivent être combinés avec les dispositions de la convention N° IX. Quelques-uns des articles relatifs aux armistices peuvent disparaître. Il faudrait presque tout rayer ou récrire. Le règlement de 1907, par rapport à sa méthode comme par rapport à son contenu, sera pour nous un embarras plutôt qu'une aide.

3. Les modifications nécessaires seront à la fois de forme et de fond. Inutile de les indiquer. Notre projet, sous tous les rapports, doit être entièrement nouveau.

4. Sans doute beaucoup d'autres. J'en ai indiqué quelques-unes. Les indiquer toutes, avec leur solution, serait écrire le manuel. Avant d'aborder cette tâche, il sera préférable d'arriver à un accord préalable à l'égard de l'emploi du règlement de La Haye, sur le choix d'une liste des matières à traiter, et sur leur groupement.

5. Il faudra insérer dans le manuel le texte, modifié selon la nécessité, des conventions spéciales de La Haye touchant, en ce qui concerce la conduite des forces armées des belligérants, à la guerre maritime.

Oxford, le 16 janvier 1912. T. E. HOLLAND.

## E. — Observations de M. Kaufmann

1. Le code *définitif* international des lois et coutumes de la guerre maritime à faire par la *Conférence de La Haye* devrait — d'après mon avis — être *complet (compréhensif)*, c'est-à-dire comprendre les règles pour les relations non seulement entre belligérants mais encore entre belligérants et neutres.

Car :

A. Vu la nature une et indivisible de la mer et l'extension du théâtre de la guerre maritime, beaucoup de relations entre belligérants et neutres sont si intimement liées et interdépendantes avec les relations entre les belligérants que le règlement des unes est presque inséparable du règlement des autres (blocus, mines, etc.);

B. Dans une guerre maritime les *forces armées* des États belligérants ont avec les neutres beaucoup plus de rapports *immédiats* et extrêmement importants que dans une guerre sur terre. Un règlement qui sert de guide en cas de guerre maritime doit tenir compte de cette circonstance;

C. L'égalité des instructions à donner aux forces armées par les États belligérants et l'application pratique d'importantes dispositions des lois et coutumes de la guerre maritime sont plus facilement compromises, si le code international règle seulement les relations entre belligérants.

Un code international qui ne comprendrait que les relations entre belligérants souffrirait — à cause de ses lacunes importantes — d'un certain manque de réalité ou de prise sur le vif. Aussi les règles sur le traitement des navires en mer et sur la procédure des prises devraient être répétées en grande partie dans les différents codes internationaux partiels.

2. *Provisoirement* il est peut-être préférable de restreindre les délibérations de l'Institut (et aussi de la Conférence de La Haye) aux règles concernant les relations entre belligérants,

pour n'avoir pas en même temps affaire avec trop de questions complexes et controversées.

D'après la résolution de la Commission spéciale préparatoire, la vingtième Commission de l'Institut n'a que la tâche de préparer un règlement relatif aux lois et coutumes de la guerre maritime dans les rapports entre belligérants.

Donc tout le contenu de la XIIIme convention de La Haye de 1907, la question de la contrebande de guerre (Voir rapport de la Commission spéciale de l'Institut du 30 novembre 1911, p. 6) et, comme je le suppose, la question de l'assistance hostile, celle de la destruction des prises neutres et même celle du blocus — en somme tout le contenu ou presque (aussi les questions du transfert de pavillon? du caractère ennemi?) tout le contenu de la déclaration de Londres de 1909 — doivent être exclus de ce règlement.

Mais l'Institut ne pourrait-il pas faire du moins une esquisse d'un règlement compréhensif, c'est-à-dire élaborer seulement les matières regardant les relations entre belligérants, mais marquer dans le règlement aussi la place des autres matières par des titres de sections ou chapitres? Il éviterait de cette manière une trop grande complexité des questions à résoudre immédiatement et préparerait pourtant la voie à un règlement futur qui comprendrait toutes les matières importantes et pratiquement cohérentes dans la guerre maritime.

3. Il semble pratique que, d'après le modèle de la convention et du règlement concernant les lois et coutumes de la guerre *sur terre*, le projet de l'Institut concernant les lois et coutumes de la guerre maritime se compose d'un projet de convention (Voir Annexe A) et d'un projet de règlement y annexé (Voir Annexe B).

Le projet de convention contiendrait un article, analogue à l'article 1 de la convention sus-mentionnée :

(Les puissances contractantes donneront à leurs *forces armées* (navales, terrestres, aériennes) des instructions qui seront conformes au règlement concernant les lois et coutumes de la guerre maritime, annexé à la présente convention).

Car probablement les Etats ne se montreraient pas disposés à convenir d'un code international des lois et usages de la guerre maritime en ce sens que les dispositions de ce code international obligeraient *immédiatement* — c'est-à-dire *sans des instructions* conformes de la part de ces Etats — leurs *forces armées*.

D'un autre côté, la portée pratique d'un code international des lois et coutumes de la guerre ne s'épuise pas et ne peut pas s'épuiser dans ce fait que les Etats contractants sont obligés de donner à *leurs forces armées* des instructions conformes à ce code.

Dans le préambule de la convention concernant les lois et coutumes de la guerre sur terre, on l'avait indiqué déjà par ces mots :

(Selon les vues des Hautes Parties contractantes, ces dispositions... sont destinées à servir de règle générale de conduite aux belligérants, dans leurs rapports entre eux et avec les populations).

Mais, en contradiction avec une telle portée plus étendue des règles internationales convenues, le texte même de l'article 1 de la convention sus-mentionnée semblait se prêter à une interprétation restrictive. Déjà on n'a pas manqué (de la part du gouvernement anglais) de faire usage de cette interprétation restrictive quant à l'article 23 litt. h du règlement annexé à la convention.

On devra donc, dans la convention future concernant les lois et coutumes de la guerre maritime, obvier à de tels malentendus.

Les lois et coutumes internationales de la guerre ne contiennent pas seulement des règles de conduite pour les *forces armées* des Etats belligérants à l'égard desquelles il faut encore des instructions précédentes conformes de la part de ces Etats afin que les lois et coutumes internationales s'imposent avec force obligatoire à leurs forces armées. Mais elles contiennent *en outre* des dispositions qui garantissent ou constituent *immédiatement* les *droits* des *particuliers ennemis* (et si le code international est compréhensif, aussi les droits et les devoirs des Etats et sujets neutres). Les *autorités*, les *tribunaux*, les *tribunaux de prise* des Etats belligérants sont obligés d'appliquer ces dernières dispositions comme règles de droit international, et cela ne dépend même pas d'instructions précédentes des Etats.

Pour éviter des malentendus de la sorte sus-indiquée, on pourrait peut-être (?) transférer cette dernière catégorie de dispositions (par exemple, l'article 23 litt. *h* du règlement concernant les lois et coutumes de la guerre sur terre) du règlement dans la convention elle-même ou — malgré leur placement dans le règlement — par une réserve expresse de la convention garantir la portée et l'effet immédiat de ces dispositions vis-à-vis des particuliers et statuer sur leur force obligatoire pour toutes les différentes autorités des Etats.

4.(1) Afin que le manuel de l'Institut soit autant que possible complet (Voir *supra* n° 1) et cohérent, il convient d'insérer dans le manuel le contenu des conventions spéciales de La Haye touchant la guerre maritime. En général, l'Institut devrait s'abstenir de modifier ces conventions. Mais le droit doit être réservé à l'Institut de faire des modifications, si elles lui semblent urgentes et d'une grande importance.

5.(2) Quant aux questions à traiter, je recommande que l'Institut prenne en considération non seulement le règlement de La Haye de 1907 concernant les lois et coutumes de la guerre sur terre, mais aussi le *Naval War Code of the United States* de 1900 (-1904).

Certains changements dans l'ordre des sections et chapitres

---

(1) Questionnaire du rapporteur, V.

(2) Questionnaire du rapporteur, II et IV (comparez les Annexes A et B).

du règlement sus-mentionné me semblent indiqués (Voir Annexe B). Cela n'empêcherait pas que le manuel de l'Institut suivrait dans une partie de ses sections autant que possible l'ordre des articles du règlement de La Haye. Mais on pourrait rendre certaines parties (par exemple : prisonniers de guerre; de l'autorité militaire sur le territoire de l'État ennemi) dans une forme abrégée(1).

6(2). Les différences entre la guerre maritime et la guerre sur terre impliquent non seulement des modifications de forme mais aussi certaines modifications de fond des dispositions du règlement de La Haye de 1907. Du reste, en tant que les dispositions du règlement de La Haye de 1907 semblent applicables à la guerre maritime, le manuel de l'Institut ne devrait leur faire subir que les modifications de fond qui semblent des améliorations d'une grande importance de principe (Voir *supra* n° 4).

7. Le manuel de l'Institut (et aussi le projet du rapporteur) devrait distinguer (par exemple par une écriture italique) les dispositions nouvelles des dispositions déjà acceptées à La Haye, et indiquer les sources de ces dernières par des notes marginales ou d'après une autre méthode simple, claire et synoptique.

8. Le manuel de l'Institut doit autant que possible être court et précis.

9. Je ne crois pas que l'inviolabilité de la propriété privée ennemie en mer (navires et cargaisons) puisse, dans les circonstances actuelles du monde, être consacrée par un traité général.

Le manuel de l'Institut devrait donc encore partir de la supposition que la propriété privée ennemie sur mer peut être capturée.

Mais l'Institut pourrait prendre en même temps la résolution suivante :

« Si l'inviolabilité de la propriété privée ennemie en mer en

(1) Questionnaire du rapporteur, I.
(2) Questionnaire du rapporteur, III.

cas de guerre maritime ne peut pas encore être réalisée par un traité général, l'Institut de droit international recommande aux puissances, qui seront prêtes à l'accepter, d'en convenir par des conventions spéciales. Éventuellement de telles conventions spéciales pourraient être conclues en connexion avec d'autres conventions spéciales concernant la limitation temporaire des armements sur mer et concernant l'accroissement de la liste des articles qui ne peuvent pas être déclarés contrebande de guerre (vivres) ».

10. Il me semble nécessaire de régler par une disposition expresse et non ambigue du droit international la question importante de savoir si des contrats d'assurance, concernant des navires de commerce ou des marchandises en mer de ressortissants *ennemis*, sont — oui ou non — valides en général, et spécialement en cas d'assurance contre les risques de *guerre* (capture, destruction).

Berlin-Wilmersdorf, le 17 janvier 1912.

## ANNEXE A

| **Projet de convention concernant les lois et coutumes de la guerre maritime.** | Conventions |
|---|---|
| Art. 1 | Conv. III de La Haye 1907 Art. 1, relative à l'ouverture des hostilités. |
| Art. 2 | Conv. IV.... Art. 2. |
| Art. 3. La partie belligérante qui violerait les dispositions de la présente convention ou du règlement y annexé sera tenue à indemnité, s'il y a lieu. Elle sera responsable de tous actes violant ces dispositions qui sont commis par | Conv. IV.... Art. 3 (modifié). |

les personnes faisant partie de ses forces armées (navales, terrestres, aériennes) ou par une de ses autres autorités.

Art. 4. Les droits, biens, propriétés, valeurs, contrats des ressortissants de l'un des Etats belligérants se trouvant dans le territoire ou dans la sphère de domination de l'Etat belligérant adverse, leur droit d'y faire des affaires et leur droit d'y intenter des actions en justice ne sont pas altérés par leur qualité de ressortissants de l'Etat belligérant adverse.

— Règlement, annexé à la conv. IV de La Haye 1907, Art. 23 alinéa 1 litt. h (modifié).

(La 7me Commission de l'Institut de droit international est saisie en détail de cette matière.

Mais il me semble nécessaire d'insérer du moins un article général y relatif dans la présente convention).

Art. 5. La propriété privée ennemie en mer (navires de commerce et cargaisons) peut être saisie et capturée conformément aux dispositions des articles.... du règlement annexé à la présente convention.

Les ayants droit qui sont ressortissants particuliers ennemis ont droit à l'établissement de la validité de la saisie et de la capture devant une juridiction de prises conformément aux dispositions des articles 1, 2, (3 et s.) de la XIIme convention de La Haye de 1907 et des articles... du règlement annexé à à la présente convention.

Si la nullité de la capture est prononcée, ils ont droit à la restitution du navire ou de la cargaison et, s'il y a lieu, à des dommages-intérêts.

Art. 6. (A régler la) question de la validité ou de la non-validité — en cas de guerre — des contrats d'assurance concernant des navires ou des marchandises sur mer de ressortissants *ennemis* en général, et spécialement en cas d'assurance (contre le commencement de la guerre et) contre les risques de guerre (capture, destruction).

Art. 7. Tous les autorités, tribunaux, tribunaux de prise d'un Etat belligérant doivent, conformément au droit des gens et aux traités existants, respecter les droits des ressortissants de l'autre Etat belligérant et spécialement les droits sus-mentionnés à l'article 4 et à l'article 5, alinéas 2 et 3.

Art. 8. Les dispositions de l'article 4 n'excluent pas les mesures de guerre nécessaires qu'un Etat belligérant devrait prendre vis-à-vis de tous les habitants de son territoire ou d'une localité de son territoire sans différence entre leur nationalité, et ne l'empêchent pas de prendre les mesures de sécu-

= (Comparez conv. XII de La Haye 1907 Art. 8, [pour les neutres] déclaration de Londres 1909 Art. 64).

= (Cette question intimement liée avec la question de l'article 5 et avec les relations des belligérants en cas de guerre maritime est si importante qu'elle doit être réglée dans la présente convention).

rité militaire nécessaires vis-à-vis des ressortissants de l'Etat belligérant adverse habitant son territoire.

Art. 9. Le règlement concernant les lois et coutumes de la guerre maritime annexé à la présente convention fait partie intégrante de celle-ci.

Art. 10. Les puissances contractantes donneront à leurs forces armées (navales, terrestres, aériennes) des instructions qui seront conformes aux articles précédents et au règlement annexé à la présente convention.

Conv. IV de La Haye 1907. Art. 1 (modifié).

Conv. IV de La Haye 1907. Art. 4 (à biffer).

Art. 11-15

Conv. IV de La Haye 1907. Art. 5-9.

ANNEXE B.

| **Projet de règlement concernant les lois et coutumes de la guerre maritime.** | Règl. de La Haye 1907 de la guerre sur terre. | Conventions | Naval War Code United States. |
| --- | --- | --- | --- |
| SECTION I. — THÉATRE DE LA GUERRE MARITIME. | | | |
| Art. 1. Le théâtre de la guerre maritime comprend la mer ouverte, les eaux territoriales des belligérants, y compris leurs eaux continentales, autant qu'elles servent à la navigation maritime, et les côtes des belligérants. | | | Art. 2 (modifié). |

| | Règl. de La Haye 1907 de la guerre sur terre. | Conventions | Naval War Code United States. |
|---|---|---|---|

Les hostilités ne peuvent avoir lieu ni dans les eaux territoriales des nations neutres, ni dans les parties de la mer conventionnellement neutralisées, ni dans les canaux ou détroits affectés d'une semblable neutralité.

## SECTION II. — NAVIRES BELLIGÉRANTS.

Art. 2 et suiv. Ont la qualité, les droits et devoirs de navires de guerre belligérants et sont légitimés à des actes de guerre maritime :

1. les navires de guerre armés et les navires de guerre auxiliaires des Etats belligérants ;

2. les navires de commerce appartenant à des particuliers d'un Etat belligérant et transformés par celui-ci en bâtiments de guerre en conformité des dispositions suivantes : (à insérer : Convention VII de La Haye 1907). — Conv. VII de La Haye 1907

Art. 3. Les navires de commerce appartenant à des particuliers d'un Etat belligérant et les navires publics d'un Etat belligérant autres que ses navires de guerre ont, s'ils

| | Règl. de La Haye 1907 de la guerre sur terre. | Conventions | Naval War Code United States. |
|---|---|---|---|
| sont arrêtés ou attaqués par un navire de guerre de l'adversaire, le droit de se défendre, de répondre à l'attaque et de s'emparer du navire de guerre adverse. | | | |
| **SECTION III. — PERSONNEL BELLIGÉRANT.** | | | |
| Art. 4. Les lois, les droits et les devoirs de la guerre maritime s'appliquent : | | | |
| 1° aux troupes de mer régulières, milices, volontaires et auxiliaires réunissant les conditions suivantes : (à insérer) | Art. 1 alinea 1 n^os^ 1-4 (modifiés) | | |
| 2° aux troupes terrestres et aériennes employées dans des opérations de la guerre maritime. | | | |
| Art. 5. L'équipage d'un navire de commerce appartenant à des particuliers d'un Etat belligérant qui se défend contre l'attaque d'un navire de guerre de l'adversaire ou y répond, a les droits et devoirs des belligérants et doit se conformer aux lois et usages de la guerre maritime. | | | |
| La même règle se comprend dans de semblables circonstances pour l'équipage d'un navire public | | | |

| | Règl. de La Haye 1907 de la guerre sur terre. | Conventions | Naval War Code United States. |
|---|---|---|---|
| d'un Etat belligérant qui n'est pas navire de guerre. | | | |
| Art. 6. La population des côtes non occupées qui, à l'approche de l'ennemi, prend spontanément, etc. | Art. 2 | | |
| Art. 7 | Art. 3 | | |
| SECTION IV. — DES HOSTILITÉS. | | | |
| CHAPITRE I. — *Commencement.* | | | |
| Art. 8. Les hostilités ne peuvent commencer qu'après un laps de temps non équivoque (24 heures?) après que la déclaration de guerre ou l'ultimatum avec déclaration de guerre conditionnelle a eu lieu. | | Conv. III de La Haye 1907 | |
| CHAPITRE II. — *Des moyens de nuire à l'ennemi.* | | | |
| Art. 9 | Art. 22 | | |
| Art. 10 | Art. 23 alinéa 1 a-e, g alinéa 2 | | |
| Art. 11 | Art. 24 (à biffer : et sur le terrain) | | |
| Art. 12 | Art. 23 alinéa 1 f | | Art. 7 |

| | Règl. de La Haye 1907 de la guerre sur terre. | Conventions | Naval War Code United States. |
|---|---|---|---|
| Art. 13 et suiv. | | Conv. VIII de La Haye 1907 | |
| Art. 14 et suiv. | | Conv. IX de La Haye 1907 | |
| Art. 15 | | | Art. 5 |

CHAPITRE III. — *Navires ennemis (de guerre, publics, privés) et cargaisons ennemies.*

Art. 16. Peuvent être attaqués, détruits ou capturés les navires de guerre ennemis et tous les navires qui les assistent dans des actes immédiats de guerre.

Art. 17. Peuvent être saisis, capturés et, s'ils résistent ou s'enfuyent, être attaqués et détruits tous les navires publics de l'Etat ennemi qui ne sont pas navires de guerre.

Ces navires publics peuvent être détruits aussi après la saisie. Mais l'équipage et les passagers et les papiers de bord doivent d'abord être transbordés.

Art. 18. Peuvent être arrêtés, visités et saisis et, s'ils résistent ou s'enfuyent, être attaqués tous les navires de commerce ennemis.

Après la saisie les navires de

| | Règl. de La Haye 1907 de la guerre sur terre. | Conventions | Naval War Code United States. |
|---|---|---|---|
| commerce ennemis doivent régulièrement être conduits par le capteur dans un des ports de son Etat pour y être traduits devant la juridiction de prise compétente.<br>En cas de nécessité militaire ou autre les navires de commerce ennemis peuvent après la saisie être détruits ou retenus pour le service de l'Etat capteur. Avant la destruction, l'équipage, les passagers et les papiers de bord doivent être transbordés et, si possible, le navire et sa cargaison doivent être taxés et inventoriés.<br>Dans ces cas aussi le renvoi devant la juridiction de prise compétente doit avoir lieu.<br>La capture n'est pas valable avant le jugement du tribunal de prise.<br>Art. 19. De la même manière les marchandises ennemies trouvées à bord des navires de commerce ennemis sont soumises à la saisie et à la capture, éventuellement en cas de besoin à la destruction ou à l'emploi immédiat pour le service de l'Etat capteur, et au renvoi devant la juridiction de prise compétente. | | | |

| | Règl. de La Haye 1907 de la guerre sur terre. | Conventions | Naval War Code United States. |
|---|---|---|---|
| La capture n'est pas valable avant le jugement du tribunal de prise. | | | |
| Art. 20. Sont exempts de capture : | | | |
| 1. Les navires-hôpitaux ennemis. | | | |
| 2. Les navires ennemis chargés de missions religieuses, scientifiques ou philanthropiques. | | Conv. XI de La Haye 1907 Art. 4 | |
| 3. Les bateaux ennemis exclusivement affectés à la pêche côtière ou à des services de petite navigation locale. | | Conv. XI de La Haye 1907 Art. 3 | |
| 4. Les navires ennemis munis d'un sauf-conduit. | | | Art. 13 alinéa 2 |
| Arr. 21. Les marchandises ennemies sous pavillon neutre sont exemptes de capture, à l'exception de la contrebande de guerre ou de la violation de blocus. | | | |
| Art. 22. Les navires de commerce continentaux ennemis ne sont soumis à la capture d'après les règles de la guerre maritime, que s'ils sont saisis en mer. | | | |
| Art. 23 = | | Conv. XI de La Haye 1907 Art. 1 (modifié) | |

| | Règl. de La Haye 1907 de la guerre sur terre. | Conventions | Naval War Code United States. |
|---|---|---|---|
| CHAPITRE IV. — *Personnel des navires ennemis.* | | | |
| Art. 24 = | (Art. 3 phrase 2) | | Art. 10 |
| Art. 25 et suiv. = | | Conv. XI de La Haye 1907 Art. 5-8 | (Art. 11 modifié) |
| Art. 26 = | Art. 13 (modifié) | | |
| CHAPITRE V. — *Régime des navires de commerce ennemis au début des hostilités.* | | | |
| Art. 27 et suiv. = | | Conv. VI de La Haye 1907 Art. 1-5 | (Art. 15) |
| CHAPITRE VI. — *Bâtiments hopitaux ; personnel religieux, médical, hospitalier de bâtiments capturés ; naufragés, blessés, malades.* | | | |
| Art. 28 et suiv. = | (Art. 21) | Conv. X de La Haye 1907 | (Art. 21-29) |
| CHAPITRE VII. — *Navires parlementaires et parlementaires* | | | |
| Art. 29 et suiv. = | Art. 32-34 (modifiés) | | Art. 13 alinéa 1 |

| | Règl. de La Haye 1907 de la guerre sur terre. | Conventions | Naval War Code United States. |
|---|---|---|---|
| CHAPITRE VIII. — *Des espions (Navires espions ?)* | | | |
| Art. 30 et suiv. | Art. 29-31 | | |
| CHAPITRE IX. — *Procédure de l'arrêt, de la visite, de la saisie, de la conduite au port de prises ennemies.* | | | |
| Art. 31 et suiv. | | | Art. 14 alinéa 2. Art. 46-48, 50 (modifiés) |
| CHAPITRE X. — *Invasion. De l'autorité militaire sur le territoire de l'Etat ennemi.* | | | |
| Art. 32 et suiv. | Art. 42-56 (abrégés) | | |
| SECTION V. — PRISONNIERS DE GUERRE. | | | |
| Art. 33 et suiv. | Art. 4-12, 14-20 (abrégés) | | |
| SECTION VI. — CAPITULATIONS. | | | |
| Art. 34 | Art. 35 | | Art. 51, 52 |
| SECTION VII. — ARMISTICE ; TERMINAISON DES HOSTILITÉS. | | | |
| Art. 35 et suiv. | Art. 36-41 | | Art. 51, 53 |

| | Règl. de La Haye 1907 de la guerre sur terre. | Conventions | Naval War Code United States. |
|---|---|---|---|
| SECTION VIII. — DU CARACTÈRE ENNEMI DES NAVIRES ET DES MARCHANDISES TROUVÉES A BORD. | | | |
| Art. 36 et suiv. = | | Déclaration de Londres 1909 Art. 57-60 (à compléter) | |
| SECTION IX. — DU TRANSFERT DE PAVILLON. | | | |
| Art. 37 et suiv. = | | Déclaration de Londres 1909 Art. 55-56 | |
| SECTION X. — PROCÉDURE ET JUGEMENT DES TRIBUNAUX DE PRISE. | | | |
| Art. 38 et suiv. = | | Conv. XII de La Haye 1907 Art. 1, 2, etc. (à compléter) | |
| SECTION XI. — SUPPRESSION DES PARTS DE PRISES ATTRIBUÉES AUX ÉQUIPAGES DES BATIMENTS CAPTEURS. | | | |
| Art. 39. Les parts de prises attribuées aux équipages des bâtiments capteurs sont supprimées. | | Proposition française faite à La Haye 1907(III,1148) | |

## F. — Observations de M. Oppenheim.

Whewell House, Cambridge, 18th January 1912.

MY DEAR MONSIEUR FAUCHILLE,

I had the intention to send you a detailed answer to your questions concerning the draft Code for Naval Warfare. However, I was so pressed by other work that I have not been able to carry out my intention. Since you desire the answer before the 1st of February, it is quite impossible for me to answer all your five questions, and I therefore beg leave to answer only your *first* question.

As regards this, I am sure that nany members of the Institute will advise NOT to model the Code for Naval Warfare on the frame of the Hague rules of 1907 concerning the Laws and Usages of War on Land. I should propose the following distribution . .he subjects :

1° Attack upon enemy vessels.
2° Seizure of enemy vessels.
3° Immunity of certain enemy vessels.
4° Appropriation of enemy merchantmen.
5° Destruction of enemy merchantmen.
6° ɔlence against combatants.
7° Violence against non-combatant members of the naval forces.
8° Violence against enemy individuals not belonging to the enemy forces.
9° Treatment of wounded and shipwrecked.
10° Espionage.
11° Treason.
12° Ruses.

13° Requisitions.
14° Contributions.
15° Bombardment of the enemy coasts.
16° Treatment of submarine telegraph cables.

Believe me,

Yours very truly,
L. OPPENHEIM.

## Traduction

Whewell House, Cambridge, 18 janvier 1912.

MON CHER MONSIEUR FAUCHILLE,

J'avais l'intention de vous envoyer une réponse détaillée à vos questions concernant le projet de code pour la guerre navale. Cependant j'étais si pressé par un autre travail que je n'ai pas été capable de mettre mon intention à exécution. Puisque vous désirez la réponse avant le 1er février, il m'est tout à fait impossible de vous répondre aux cinq questions; en conséquence, permettez-moi de répondre seulement à votre première question.

Pour ce qui est de cette question, je suis sûr que beaucoup de membres de l'Institut ne conseilleront pas de faire le code pour la guerre navale sur le modèle des règles de La Haye de 1907 concernant les lois et usages de la guerre sur terre. Je vous proposerais la distribution suivante des sujets :

1° Attaque des navires ennemis.
2° Saisie des navires ennemis.
3° Immunité de certains navires ennemis.
4° Arrestation des navires marchands ennemis.
5° Destruction des navires marchands ennemis.
6° Violence contre les combattants.
7° Violence contre les non combattants membres des forces navales.

8° Violence contre des individus ennemis n'appartenant pas aux forces ennemies.

9° Traitement des blessés et des naufragés.

10° Espionnage.

11° Trahison.

12° Ruses.

13° Réquisitions.

14° Contributions.

15° Bombardement des côtes ennemies.

16° Traitement des câbles télégraphiques sous-marins.

Croyez moi,

Votre très dévoué,
(signé) : L. OPPENHEIM.

## G. — Observations de M. de Boeck

### I

Etant donné qu'il s'agit d'adapter, dans la mesure du possible, à la guerre maritime les lois de la guerre continentale, il semblerait y avoir avantage à suivre l'ordre des chapitres et des articles du règlement de La Haye du 18 octobre 1907 relatif à la guerre sur terre. Cet ordre est rationnel. Il n'y a pas, à mes yeux, de raison décisive pour essayer de lui en substituer un autre. Il faut faire, avant tout, une œuvre pratique de codification, non une œuvre doctrinale et scientifique.

De plus, soldats et marins, officiers de l'armée de terre et de l'armée de mer peuvent être appelés à coopérer à une action militaire ou navale commune. Si l'action est navale, ils devront se conformer au règlement de la guerre maritime ; si l'action est militaire, ils devront obéir aux prescriptions relatives à la guerre terrestre. Autant que possible, il est expédient d'adopter le même ordre des chapitres et des articles pour les deux sortes de guerre.

### II

Les dispositions du règlement de La Haye qui peuvent être déclarées applicables aux opérations de la guerre maritime sont les suivantes :

A. SECTION I. *Les belligérants*. — 1° Celles du chapitre Ier (art. 1-3). Seulement, ces dispositions devront être modifiées en vue de leur application aux marins qui servent sur les bâtiments de commerce transformés en vaisseaux de guerre conformément aux prescriptions de la convention spéciale de La Haye sur cette transformation. Peut-être, dans son projet de manuel, la Commission de l'Institut pourrait-elle trancher la question du *lieu* de la transformation. Et, si elle croyait devoir assumer ce soin, il semble bien que la question dût être tranchée dans le sens du caractère licite de la transformation à la haute mer. Bien que l'accord n'ait pu se faire en ce sens à la Conférence navale de Londres, il a été préparé par la discussion engagée à cet effet. La question de la *retransformation* pourrait aussi être résolue : à cet égard, une entente aurait été conclue à Londres, s'il n'avait paru inélégant de trancher la question de la *retransformation* en laissant pendante celle de la *transformation*.

2° Celles du chapitre II (art. 4-20). En effet, qu'ils soient marins ou soldats, les prisonniers de guerre sont internés sur la terre ferme. L'ère des *pontons* paraît close à jamais. Et, si elle se rouvrait, les règles d'humanité prescrites par le règlement de La Haye seraient appliquées sur les pontons comme sur le sol. Peut-être les dispositions du chapitre II pourraient-elles être complétées par quelques règles relatives à la situation des marins pendant la traversée, du moment de leur capture à celui de leur internement.

3° Celles du chapitre III (art. 21), en modifiant le renvoi et en se référant aux conventions de La Haye de 1899 et de 1907, et surtout à cette dernière, sur l'adaptation de la convention de Genève à la guerre maritime.

B. SECTION II. *Les hostilités.* — 4° Les dispositions du chapitre Ier sur les moyens de nuire à l'ennemi (art. 22-28). Ici, certaines adaptations devraient être faites à la guerre maritime; notamment les dispositions de la convention de 1907 relative au bombardement par des forces navales devraient être substituées aux dispositions correspondantes du règlement de la guerre terrestre. La question du bombardement par aéroplanes attachés au service de la flotte militaire des belligérants et celle des hydro-aéroplanes devraient être prévues et réglées, semble-t-il, puisque la guerre aérienne ne serait que l'accessoire de la guerre maritime.

5° Celles du chapitre II (des espions) (art. 29-30). Ici encore, quelques précisions seraient nécessaires ou souhaitables : la question des radiotélégrammes et celle des navires munis d'appareils radiotélégraphiques devraient être réglées pour rendre impossible le renouvellement des fantaisies de l'amiral Alexeïeff.

6° Les dispositions relatives aux parlementaires (chapitre III, art. 32-34). L'article 32 devrait être modifié en vue des *navires de cartel* et de la communication du parlementaire avec la force navale ennemie.

7° Celles des chapitres IV et V, capitulations et armistice (art. 35-41). L'article 39, visant les rapports qui pourraient avoir lieu sur le théâtre de la guerre entre les Etats belligérants et les populations, ne peut s'appliquer, au pied de la lettre, à la guerre maritime. Il y aurait lieu de le remplacer par un texte qui pourrait être ainsi conçu : « Les clauses de l'armistice naval fixeront, au cas où elles admettraient l'accès des vaisseaux de guerre des belligérants à certains points du littoral ennemi, les conditions de cet accès et les rapports de ces vaisseaux, soit avec les autorités locales, soit avec les populations ». Ceci, *verbi gratia*.

Jusqu'ici le règlement de La Haye paraît devoir être appliqué, *mutatis mutandis*, à la guerre maritime. Il n'en est pas de même de la SECTION III, relative *à l'autorité militaire sur le territoire ennemi*. L'occupation du territoire ennemi, même réalisée par une force navale à l'aide des compagnies de débarquement, sort du cadre de la guerre maritime. La rubrique de la section III pourrait et devrait être avantageusement remplacée par une rubrique, qui pourrait, par exemple, être ainsi conçue : *Des droits de l'autorité navale sur les propriétés publiques et privées de l'ennemi.*

Dans cette section ainsi amendée quant à son libellé, figurerait en première ligne la proclamation du principe de l'immunité de la propriété privée ennemie sous pavillon ennemi. Suivraient les exceptions que comporte ce principe. A notre avis, il ne saurait être question de contributions. Des réquisitions seules seraient possibles à l'égard des navires de commerce ennemis et de leurs cargaisons ennemies.

L'Etat belligérant aurait le droit de capturer les vaisseaux de guerre ennemis, les navires de commerce *actuellement* transformés en bâtiments de guerre, les navires de commerce prêtant une assistance hostile à la flotte militaire dans les mêmes conditions que les navires neutres, suivant la déclaration de Londres, les navires de commerce ennemis rompant un blocus ou transportant de la contrebande de guerre dans les mêmes conditions que les navires de commerce neutres, les armes, approvisionnements, numéraire appartenant à l'Etat belligérant trouvés sur ces navires.

Si la Commission a décliné avec raison l'honneur de s'occuper directement des matières qui visent spécialement les rapports des belligérants et des neutres dans la guerre maritime, il est bien évident que le sort de la propriété privée ennemie sous pavillon ennemi ne saurait être meilleur que celui du navire de commerce ou de la cargaison neutre et que l'immunité, déjà proclamée par l'Institut et à laquelle il voudra certainement rester fidèle dans sa session de Christiania, comporte avant tout et nécessairement les restrictions qui s'imposent aux neutres eux-mêmes (blocus, contrebande de guerre, assistance hostile).

## III

Il a déjà été répondu, au moins en partie, à la question III. Les dispositions du règlement de La Haye reconnues applicables à la guerre maritime doivent figurer dans le manuel telles que la deuxième Conférence de la Paix les a adoptées, sauf adaptation nécessaire à la guerre maritime. Quant au fond, la proclamation de l'immunité de la propriété privée, édictée par le règlement en ce qui concerne la guerre terrestre, doit être, à nos yeux, énergiquement maintenue dans la guerre maritime : une amélioration prétendue qui aurait pour objet la négation de cette immunité serait, d'après nous, une péjoration, que nous repousserions absolument.

## IV

En dehors des questions prévues dans le règlement de La Haye, celle du sort des aéroplanes attachés aux vaisseaux de guerre ou des hydro-aéroplanes paraît devoir comporter une réglementation. Il en est de même de celle des radiotélégrammes.

Quant aux aéroplanes auxiliaires de l'armée navale ou aux hydro-aéroplanes attachés à son service, ils seraient passibles de capture, comme les vaisseaux de guerre eux-mêmes.

Pour l'émission des ondes hertziennes, des règles analogues à celles qui sont admises ou proposées à l'égard des câbles sous-marins pourraient être adaptées à la réglementation radiotélégraphique.

## V

A l'égard des règles concernant la guerre maritime qui ont fait l'objet à La Haye de conventions spéciales, il nous paraît désirable d'inscrire dans le manuel de l'Institut le texte de ces conventions, en indiquant expressément que ce texte est emprunté à ces conventions, sauf deux réserves qui nous semblent commandées par la consécration de l'immunité de la propriété ennemie. Ces deux réserves visent la convention sur le régime des navires de commerce ennemis au début des hostilités et certaines dispositions de la convention relative à l'exercice du droit de capture. L'Institut ayant dépassé l'œuvre de La Haye en 1907 sur ce point et voulant sans doute sanctionner à Christiania une réforme qui sera, il faut l'espérer, consacrée à la troisième Conférence de la Paix, se doit à lui-même de modifier profondément ces deux conventions spéciales qui supposent le maintien de la capture et sont destinées à y apporter quelques tempéraments. Les tempéraments tombent d'eux-mêmes si la capture est abolie.

Fait à Bordeaux, le 23 janvier 1912.

Ch. de Boeck,
Associé de l'Institut de droit international.

## H. — Observations de M. Edouard Rolin

Bruxelles, le 25 janvier 1912.

MON CHER COLLÈGUE,

Je réponds un peu tardivement, mais encore dans les délais indiqués, au questionnaire joint à votre lettre circulaire du 12 octobre dernier.

I. — J'estime que, pour établir le manuel de l'Institut de droit international sur les lois et coutumes de la guerre *maritime*, il conviendra de suivre l'ordre des sections, des chapitres et autant que possible celui des articles du règlement de La Haye du 18 octobre 1907 concernant les lois et coutumes de la guerre sur terre.

Il me paraît désirable, en effet, que les deux règlements de la guerre sur terre et de la guerre sur mer soient d'une construction en quelque sorte parallèle, devant être aussi compris et appliqués parallèlement.

C'est du reste à ce point de vue que je me suis également placé pour répondre à vos autres questions.

II. — Il convient de laisser la section III et finale du règlement de la guerre sur terre, intitulée : « de l'autorité militaire sur le territoire de l'Etat ennemi », complètement en dehors du règlement de la guerre maritime. Quand des forces étrangères quelconques, même maritimes, exercent leur action sur le *territoire* de l'Etat ennemi, elles tombent en effet sous le régime des lois de la guerre sur terre.

On pourrait se demander, à ce propos, s'il ne conviendrait pas d'autre part d'ajouter au règlement de la guerre maritime un ensemble de dispositions relatives au régime de la mer territoriale, ou plus exactement à l'*autorité des forces maritimes ennemies* sur cette zone particulière du domaine des

Etats. Il serait certainement intéressant et utile d'élaborer à ce propos quelques dispositions précises.

Nous avons toutefois une raison particulière de ne pas entrer dans cette voie : c'est qu'il existe une autre Commission de l'Institut (la 6e) qui a été spécialement chargée d'étudier à nouveau la question de la mer territoriale, au sujet de laquelle il existe du reste déjà un projet de règlement élaboré par l'Institut. C'est même ce règlement qui doit être actuellement soumis à un travail de révision. Il ne nous appartient donc ni de puiser dans le projet de règlement de l'Institut, tel qu'il existe, des règles qui sont actuellement soumises à une révision, ni de nous substituer à la 6e Commission pour entreprendre nous-mêmes cette révision, fût-ce même partiellement.

Plus tard on pourra toujours compléter sous ce rapport le règlement des lois et coutumes de la guerre maritime et, dans cette hypothèse, on pourrait également y ajouter un ensemble de dispositions concernant le *blocus*, sous ses diverses formes.

Il y a, en effet, une certaine connexité entre ces deux questions : celle du blocus et celle de l'autorité des forces maritimes ennemies sur la mer littorale; et il ne conviendrait pas de les englober l'une sans l'autre dans le règlement des lois et coutumes de la guerre maritime.

III. — Je trouve préférable que les dispositions du règlement de la guerre sur terre, reconnues applicables dans le fond à la guerre maritime, figurent, autant que possible, dans le manuel à élaborer, suivant l'esprit et la forme qui ont prévalu à La Haye, et cela en vue toujours de maintenir entre les deux règlements de la terre et de la mer le parallélisme qui me paraît éminemment désirable.

Il y aura bien entendu des modifications qui s'imposeront en vue de l'adaptation des mêmes principes à la guerre maritime, et ceci apparaîtra tout particulièrement dans le chapitre I de la section I, concernant la qualité de belligérant. Il ne peut en effet être question, à propos de la guerre maritime, de populations prenant spontanément les armes dans le sens de l'article 2 du règlement de la guerre sur terre; mais, par contre, il conviendrait peut-être d'envisager la situation des corsaires.

Rien n'empêchera du reste l'Institut d'indiquer les améliorations qu'il jugera les plus nécessaires de façon à ce que la prochaine Conférence de la Paix puisse, si elle le juge convenable, les introduire dans le règlement de la guerre sur terre, en même temps qu'elle les inscrirait dans le règlement de la guerre maritime. Mais j'estime que, même sous cette forme, il importe de n'indiquer que des desiderata extrêmement modérés, afin de ne pas nuire par trop d'exigences à l'œuvre essentielle dont nous devons poursuivre la réalisation. Cette œuvre consiste à faire consacrer pour la guerre maritime un droit écrit comme il existe à présent pour la guerre sur terre, et si notre projet s'en tient aux principes, aujourd'hui consacrés pour la guerre sur terre, nous aurons évidemment une grande chance de voir la prochaine Conférence de la Paix s'engager avec décision dans la voie dont l'Institut lui aura aplani l'accès.

IV. — Ainsi que je l'ai dit plus haut, spécialement en réponse á la deuxième question, j'aurais une grande hésitation á faire figurer, dans le manuel ou projet de règlement pour la guerre maritime que nous voulons élaborer, des dispositions qui ne correspondent pas à celles consacrées par le règlement de la guerre sur terre adopté à La Haye.

Ceci est vrai surtout des questions qui n'ont pas encore fait l'objet de conventions spéciales. Ces questions sont généralement assez importantes, assez délicates et assez spéciales pour être étudiées séparément et, en tentant d'y apporter d'emblée des solutions dans notre manuel, nous risquons de compromettre le succès de notre œuvre essentielle, telle que j'ai tenté de la définir ci-dessus en réponse à la III^e^ question.

V. — En ce qui concerne les règles touchant la guerre maritime qui ont déjà fait l'objet à La Haye de conventions spéciales, la question se présente différemment.

Il n'y a pas le même danger de compromettre le succès de l'œuvre principale, puisqu'il s'agit de règles déjà consacrées. Mais il me paraît qu'il convient d'être extrêmement réservé, même pour l'addition de ces règles déjà consacrées, et cela afin de ne pas porter atteinte à ce que j'appelais plus haut le parallélisme des deux règlements de la guerre terrestre et de la guerre maritime, parallélisme que je voudrais établir si possible jusque dans la correspondance des numéros des articles des deux règlements.

Il y a du reste lieu de distinguer entre les matières des diverses conventions citées dans le texte de la V^e^ question.

Ainsi il n'existe, en tous cas, aucun motif d'introduire, dans le texte du manuel, les articles de la convention relative à l'*ouverture des hostilités,* convention qui se rapporte à un sujet nettement distinct du nôtre. De même la convention sur « l'adaptation à la guerre maritime des principes de la *convention de Genève* » forme un tout par elle-même, et il n'y a pas plus lieu d'en introduire les dispositions dans notre manuel, qu'il n'a paru convenable d'inscrire les dispositions de la convention de Genève dans le règlement des lois et coutumes de la guerre sur terre, ni dans la convention qui a mis ce règlement en vigueur.

Je pense qu'il convient également de laisser en dehors du règlement tout ce qui concerne le droit des prises, et cela pour diverses considérations, non moins d'opportunité que de principe.

Mais, par contre, il est difficile de ne pas tenir compte, dans le texte même d'un manuel ou règlement international comme celui que nous avons en vue, des règles admises par la Conférence de La Haye sur la transformation des navires de commerce en navires de guerre et cela à propos des premiers articles du règlement où il sera question « de la qualité de belligérant ». De même les dispositions de la convention sur « le bombardement par des forces navales » trouveront tout naturellement leur place dans le manuel et de même les dispositions de la convention sur « les mines sous-marines ».

Mais il n'y aura en toute hypothèse que certaines des dispositions de ces conventions qui devront figurer dans le manuel et il suffit de les lire pour faire la distinction.

Je crois que ces dispositions, telles que les articles 1 à 7 de la convention sur le bombardement et les articles 1 à 3 et l'article 5 de la convention sur les mines, peuvent être reprises textuellement dans un règlement des lois et coutumes de la guerre maritime ; et j'estime, dès lors, qu'il y a le plus grand avantage à ne pas laisser une lacune aussi essentielle dans un règlement qui doit servir de base aux instructions à donner par les puissances contractantes à leurs armées de mer et devenir en quelque sorte le code moral de tout le personnel de ces armées.

Il est bien entendu que, d'accord avec la réponse que j'ai donnée ci-dessus à la questions n° III, je suis d'avis de ne faire subir à ces dispositions, que nous introduirions dans notre manuel, aucune modification quelconque, toute réserve étant faite au surplus quant aux modifications dont l'Institut les jugerait susceptibles et dont quelques-unes ont déjà été indiquées par lui en ce qui concerne les mines sous-marines.

Quant à procéder en faisant, dans le manuel ou le règlement à élaborer, un *renvoi* à ces convention antérieures, j'estime que ce serait parfaitement inutile dans le texte même de ce manuel ou règlement destiné à former un tout par lui-même pour les instructions à donner aux combattants. Ce manuel doit être une manière de *catéchisme*, et on ne se figure pas bien un catéchisme avec renvoi à d'autres sources.

Cette dernière observation m'amène à rappeler qu'il faut bien distinguer entre le manuel ou règlement et la convention internationale qui le mettrait en vigueur. La convention sur les lois et coutumes de la guerre *sur terre* est la seule des conventions de La Haye dont le texte établisse cette distinction entre les dispositions conventionnelles proprement dites et les règles juridiques consacrées par la convention. Il est certain qu'on procèdera de même pour le règlement concernant les lois et coutumes de la guerre *maritime*. Il ne s'agit donc pas d'une convention comme une autre, dans laquelle on peut se dispenser de rappeler certaines matières rentrant directement dans son objet, mais déjà réglées par une autre convention, telle que celle sur les mines et celle sur les bombardements. Il s'agit d'un règlement destiné à servir de base aux instructions que les puissances donneront à leurs forces armées et il serait fâcheux de ne pas comprendre dans ces instructions des règles déjà consacrées par des conventions antérieures comme celles sur les mines et les bombardements.

Je m'excuse, mon cher Confrère, d'avoir rédigé un peu longuement peut-être cette lettre de réponse à votre questionnaire. J'espère que cette prolixité trouvera comme excuse auprès de vous non seulement ma qualité de membre suppléant de la Commission dont vous êtes le rapporteur, mais encore l'intérêt tout spécial que je porte depuis de longues années déjà à la question des lois et coutumes de la guerre.

Me tenant à votre entière disposition pour la suite des travaux de la Commission, je vous prie d'agréer, mon cher Confrère, l'assurance de mes sentiments les plus distingués et tout dévoués.

ED. ROLIN.

## I. — Observations de M Errera.

Bruxelles, le 27 janvier 1912.

Mon cher Collègue,

Je ne me crois pas l'autorité voulue pour résoudre les problèmes de méthode posés dans votre questionnaire. Je me demande toutefois si les événements auxquels nous assistons ne vous engageront pas à retarder quelque peu la rédaction du manuel dont s'agit. Il serait certes utile de discuter à Christiania sur un projet tout fait, mais encore faudrait-il réserver la liberté entière d'amendement, sinon notre session perdrait l'un de ses attraits, en restreignant le champ de la discussion.

Salut et confraternité.

Paul Errera.

## J. — Observations de M. de Louter

Utrecht, 30 janvier 1912.

CHER MONSIEUR,

Vous désirez une réponse à votre questionnaire de la part de tous les membres et associés de l'Institut avant le 1er février 1912, et vous serez bientôt accablé par une foule de dissertations sur un sujet vaste et compliqué. Il m'a été absolument impossible de vouer une étude spéciale à la guerre maritime dans les trois derniers mois ; mais, comme j'avais à peine fini un travail détaillé sur cette partie importante du droit international(1), je prends la liberté de vous envoyer mes résultats en réponses courtes et précises. D'ailleurs, j'ose supposer que les réponses concises ne seront pas les moins bienvenues, et je me félicite de ne pas pouvoir collaborer à retarder votre rapport, qui sans doute sera approfondi par la compétence indubitable de son auteur et nullement par la multiplicité et la diversité d'avis d'un mérite nécessairement très différent. Je me tiens à l'ordre des cinq questions sans les répéter.

I. Pour établir le « manuel de l'Institut sur les lois et coutumes de la guerre maritime », il me paraît hautement désirable de suivre autant que possible l'ordre des sections et chapitres du « règlement concernant les lois et coutumes de la guerre sur terre », annexé à la convention IV de La Haye du 18 octobre 1907.

La section I : « des belligérants », divisée en trois chapitres : 1° qualité de belligérant ; 2° prisonniers de guerre ; 3° malades et blessés, se prête à une imitation exacte. Seulement les chapitres II et III pourraient être réduits à des proportions plus petites par des renvois aux conventions antérieures, comme le fait l'article 21 du règlement actuel.

La section II : « des hostilités » peut être suivie également, sauf quelques changements de terminologie dans les chapi-

(1) V. J. de Louter, *Het stellig Volkenrecht*, II, 296-346.

tres I et V, la disposition du chapitre II et des renvois au règlement de 1907 pour les chapitres III et IV.

La section III : « occupation du territoire » doit être remplacée par un règlement sur le droit des prises.

II. La réponse à cette question se trouve impliquée dans celle à la première.

III. Tant que les dispositions du règlement reconnues applicables n'exigent aucune modification, elles peuvent figurer dans le manuel telles que la deuxième Conférence de la Paix les a consacrées. Tant qu'elles n'y sont applicables qu'après des modifications plus ou moins considérables, — résultant de la nature de la guerre maritime et non pas d'une déviation de principes, — elles doivent subir les modifications inévitables. D'ailleurs, il vaut mieux, selon moi, ne point céder à la tendance d'améliorer la rédaction ou la terminologie adoptées en 1907.

IV. Sans doute dans la section I doit être insérée la transformation des navires de commerce en bâtiments de guerre (y *compris* le lieu de la transformation).

Dans la section II il faut insérer la pose des mines sous-marines, le droit de blocus par rapport aux belligérants, le bombardement par des forces navales.

Enfin la section III tout entière doit être vouée au droit des prises par rapport aux belligérants.

Les restrictions mentionnées dans les sections II et III sont fondées sur le rapport étroit qui existe entre les questions de la guerre maritime et les mêmes questions relatives aux droits des neutres. Elles indiquent clairement l'évolution prochaine du droit international, qui procède du droit de la guerre au droit de la neutralité, c'est-à-dire *de la paix*.

V. Il me semble plus prudent de les insérer, à moins qu'un simple renvoi ne cause aucune obscurité.

Agréez l'assurance de ma haute considération et de mes sentiments dévoués.

J. DE LOUTER.

## K. — Observations de M. Kleen

30 janvier 1912.

MONSIEUR ET TRÈS HONORÉ COLLÈGUE,

Je me permets de vous donner les réponses suivantes au questionnaire terminant votre rapport préliminaire du 12 octobre 1911 concernant la guerre maritime entre belligérants :

*Question I.* — L'ordre des *chapitres* contenus dans les *sections I-II* du règlement de la guerre sur terre de 1907 me semble pouvoir être maintenu ; et, dès lors, ce maintien paraît être avantageux, tant pour la facilité de l'étude comparative qu'en considérant le principe d'identifier autant que possible la réglementation sur les deux éléments. Quant aux *articles* au contraire, et bien qu'ils seront en grande partie identiques dans les deux règlements, impossible de maintenir le même ordre tout-à-fait, et les numéros deviennent en partie différents, parce que de nombreux articles dans le règlement de 1907 n'ont trait qu'aux hostilités sur terre, et que d'autre part des articles nouveaux, qui sont propres à la guerre sur mer, seront insérés dans le règlement y relatif. Ce qui n'empêche pas que les articles qui seront communs aux deux règlements doivent suivre le même ordre *dans la série*, abstraction faite des lacunes. La *section III* devra naturellement être, dans le règlement maritime, remplacée par une autre section, sous un autre titre. Quelques-uns des articles de 1907 y entreront, par exemple art. 47, 56, etc. ; mais la majeure partie est inapplicable, tandis que, d'autre part, ici sera la place convenable pour beaucoup de règles qui caractérisent tout spécialement la guerre maritime.

*Question II.* — La question de savoir quelles dispositions dans le règlement de 1907 concernant la guerre terrestre seraient applicables aux opérations de la guerre maritime, et quelles sont celles qui n'y sont pas applicables, sera mieux résolue en parcourant les articles (V. ci-dessous).

*Question III.* — Etant une fois établi le principe de deux règlements distincts, il ne serait pas rationnel que l'Institut répétât dans le règlement nouveau ce qu'il jugerait fautif ou sujet à amélioration dans le règlement ancien, pas plus quant à la forme et aux termes qu'au contenu et aux règles.

*Questions IV-V.* — Comme l'unité et l'homogénéité du règlement de la guerre maritime exigent qu'il soit entier, il ne serait pas pratique de le faire dépendre de *renvois*, soit à des règlements fragmentaires, soit au grand règlement de la guerre sur terre. Mieux vaudra, semble-t-il, faire *rentrer dans* le futur règlement de la guerre maritime le contenu des petits règlements qui le concerne, amélioré au besoin, ainsi que les textes de la partie applicable du règlement sur terre, modifiés. Cela d'autant que tous les règlements de 1907 pourront à l'avenir être sujets à des changements par des Conférences ultérieures. Si, alors, les changements portaient sur des passages auxquels le règlement maritime avait renvoyé, il n'est pas dit que leur texte nouveau lui fût applicable. Sans séparer les textes complètement, on ne créerait donc que des confusions.

Je ne saurais mieux vous exposer mes vues quant aux règles relatives à la guerre maritime entre belligérants, qu'il y aurait lieu de faire figurer dans le manuel, en partie *en dehors de* celles prévues en 1907 et en partie en s'appropriant celles-ci, ainsi que sur la solution qu'il conviendrait de donner aux questions, qu'en procédant d'article en article dans le règlement de la guerre *sur terre de 1907*, en maintenant, lorsque je les cite, les numéros de ces articles quand même ils seront autres dans le manuel, en indiquant ce qu'il faudrait maintenir, supprimer ou ajouter pour créer la réglementation maritime et en insérant en outre l'utilisable à tirer des petits règlements de 1907, de la manière suivante :

## SECTION I. — DES BELLIGÉRANTS.

### CHAPITRE PREMIER. — *De la qualité de belligérant.*

Art. 1. — (doit être remplacé par ce texte :) Les lois, les droits et les devoirs de la guerre maritime s'appliquent aux bâtiments de guerre et aérostats des belligérants, leurs officiers et équipages, aux bâtiments de transport militaire appartenant à l'Etat belligérant ou affrétés par lui, et aux navires de commerce transformés en bâtiments de guerre et réunissant les conditions suivantes : 1° d'être placés sous, etc. (insérer ici le contenu des art. 1-6 de la convention VII de la Conférence de 1907).

Art. 2. — A supprimer.

Art. 3. — A maintenir.

### CHAPITRE II. — *Des prisonniers de guerre.*

Art. 4. — A maintenir, en ajoutant les mots « des capteurs » après les mots « des individus » dans le 1er al., et en exceptant les mots « les chevaux » dans le dernier alinéa.

Art. 5. — A maintenir, en ajoutant, après le mot « camp », les mots « bâtiment, navire ».

Art. 6. — Remplacer, dans le 3me al., « les militaires de l'armée » par « les marins de la flotte ».

Art. 7. — Remplacer, dans le 2me al., « troupes » par « équipages ».

Art. 8. — Remplacer, dans le 1er al., « l'armée » par « la marine »; et, dans le 2me al., « leur armée ou... l'armée qui les aura capturés » par « les forces de leur Etat ou avant de se trouver en dehors de la juridiction militaire de leurs capteurs ».

Art. 9-11. — A maintenir.

Art. 12. — Ajouter, après « portant les armes », les mots « ou servant dans la flotte(1) ».

Art. 13. — Remplacer « une armée » et « l'armée » par « les forces sur mer » et « la marine ».

Art. 14. — Rayer les mots « sur le territoire », « aux mises en liberté sur parole » et « libérés sur parole » (*si* les art. 10-12 sont supprimés). Remplacer « le corps de troupe » par « le bâtiment de service », et « champs de bataille » par « lieux des hostilités ».

Art. 15-18. — A maintenir.

Art. 19. — Remplacer, dans l'al. 1, « l'armée » par « la marine »; et, dans l'al. 2, « l'inhumation » par « les funérailles ».

Art. 20. — A maintenir.

CHAPITRE III. — *Des blessés, des malades et des naufragés.*

Insérer le texte de la convention X de la Conférence de 1907.

## SECTION II. — DES HOSTILITÉS.

Introduire ici, au commencement de la section, un *chapitre nouveau*, intitulé : *De l'ouverture et du début des hostilités ;* et y insérer, d'abord, le contenu de l'art. 1 de la convention III de la Conférence de 1907, avec cette modification, que les premiers mots « Les. . elles » seront remplacés par « Les hostilités » (ne doivent, etc.)(2).

---

(1) Cela, quant aux art. 10-12, dans la supposition que l'Institut *approuve* l'usage de la mise en liberté sur parole. Mieux vaudrait l'abolir, en supprimant ces articles, ou bien en les remplaçant même par un engagement des gouvernements contractants de ne tolérer ni libération sur parole ni d'accepter une telle libération. Le contrôle de l'observation est illusoire, et la tentation de rompre la promesse est encouragée tant par l'opinion que par les autorités mêmes. Il faut attendre, je crois, du temps une conception plus vraie de l'honneur, identique pour les militaires et pour les autres citoyens.

(2) L'art. 2 de la même convention appartiendra au règlement de la neutralité.

Ici serait la place pour insérer aussi ce qui se rapporte au régime des navires de commerce ennemis au début des hostilités. Les deux principes une fois établis : 1° que les hostilités ne peuvent commencer contre ceux qui ignorent encore la guerre, et 2° que la propriété privée, donc aussi les *navires* privés, doit être respectée encore sur mer (V. plus bas), on ne pourra insérer ici, de la convention VI de 1907, que l'art. 1 à cause des biens de contrebande future ou éventuelle qui pourraient se trouver chargés sur les navires surpris dans les ports ennemis sans connaissance de la guerre. Il faut ajouter, à la fin de l'article, un nouvel alinéa ainsi conçu : « Les navires de commerce ennemis rencontrés en haute mer sans connaissance de la guerre sont exempts des saisies pour cause de transport prohibé. » Les art. 2-4 de cette même convention VI seront superflus, depuis que les navires de commerce ennemis jouiront dans les ports des mêmes conditions d'asile que les neutres, donc, entre autres, de toute prolongation concédée à ces derniers d'un séjour occasionné par force majeure.

CHAPITRE .... — *Des moyens de nuire à, ou de se défendre contre, l'ennemi; des sièges et des bombardements.*

Art. 22. — A maintenir.

Art. 23. — A reproduire avec les modifications suivantes : Dans litt. *b*), remplacer les mots « à la nation ou à l'armée ennemie » par « à la partie adverse ». Dans litt. *c*), remplacer « mis... défendre » par « cessé de combattre ». Rédiger litt. *f*) ainsi : d'user de faux pavillons, uniformes ou insignes, quels qu'ils soient, notamment de ceux de l'ennemi ou de ses parlementaires, ainsi que des signes distinctifs de la convention de Genève. Après le dernier alinéa, ajouter : (guerre,...) ainsi que de les forcer à donner des renseignements sur leur propre Etat, ses forces, sa position militaire ou ses moyens de défense, ou bien à prêter serment à la puissance ennemie.

Après cet article, insérer le contenu des articles votés par l'Institut (V. *Annuaire* 1911, p. 301-302) concernant l'usage des mines sous-marines et des torpilles, excepté ce qui a trait aux neutres.

Art... — Insérer le texte voté par l'Institut (V. *Annuaire* 1911, p. 346, n° 2) concernant l'usage des aérostats en temps de *guerre*.

Art. 24. — Exclure les mots « et sur le terrain ».

Art. 25-28. — Doivent être remplacés par les art. 1-7 de la convention IX de 1907, avec ces modifications que les mots « de bombarder » dans l'art. 1 de cette convention seront remplacés par « d'attaquer ou de bombarder »; et que l'art. 3 sera supprimé (le bombardement semble être, dans ce cas, un moyen excessif, et contraire au principe de rendre les réglementations identiques au possible sur terre et sur mer : en effet, le règlement de terre ne permet rien de correspondant).

CHAPITRE ... — *Des espions.*

Art. 29. — Dans l'al. 1, ajouter après « espion » les mots « dans la guerre sur mer », et remplacer le mot « d'opérations » par « des opérations maritimes ». Dans l'al. 2, remplacer les mots « de l'armée ennemie » par « navales de l'ennemi ». Dans le second point du même alinéa, remplacer « armée » par « marine militaire » et « l'armée ennemie » par « celle de l'ennemi ». Dans le dernier point, remplacer « armée » par « force militaire », et « d'un territoire » par « d'une contrée ».

Art. 30. — A maintenir.

Art. 31. — Remplacer « l'armée à laquelle il appartient » par « les forces de son Etat ».

(Les deux chapitres *Des parlementaires* et *Des capitulations* doivent être maintenus).

CHAPITRE ... — *De l'armistice.*

Art. 36. — A maintenir.
Art. 37. — Remplacer « armées » par « forces ».
Art. 38. — Remplacer « troupes » par « équipages ».
Art. 39. — Superflu.
Art. 40-41. A maintenir.

SECTION III. — (Remplacer le titre de 1907 par :) DES DROITS DE LA VIE ET DE LA PROPRIÉTÉ ENNEMIES.

Art. 42-43. — A supprimer.

Art. 44-45. — Rentrent dans le nouveau texte de la fin de l'art. 23).

Art. 46. — A maintenir l'al. 1. L'al. 2 sera ainsi conçu : La propriété privée, y compris les navires privés et les cargaisons privées, ne peut pas être confisquée, sauf contrebande.

Art. 47. — A maintenir.

Art. 48. — Au commencement, remplacer les mots « Si... de l'Etat » par « Si une force navale prélève des impôts... de l'Etat ennemi ». Dans le dernier membre de phrase, supprimer les mots « du territoire occupé ».

Art. 49. — A supprimer.

Art. 50. — Remplacer « les populations... elles ne pourraient être considérées » par « des corps ou populations... ils ne pourraient être considérés ».

Art. 51. — Remplacer le mot « général » par « amiral ».

Art. 52. — Dans la première phrase, remplacer « des communes... d'occupation » par « que pour des besoins présents et pressants d'une force navale dans un port de son ennemi ». Dans l'al. 2, remplacer « commandant... occupée » par « commandement supérieur de la dite force navale ».

Art. 53. — Sera ainsi conçu : Ne sont saisissables, des choses qui sont la propriété mobilière de l'Etat, que le numéraire, les fonds et les valeurs exigibles lui appartenant en propre, les armes et tout autre objet spécialement fait pour l'usage belliqueux et y servant directement, ainsi que les navires, autres moyens de transport, et dépôts d'approvisionnements, affectés à la guerre ou à ses opérations. Les navires au service paisible de l'Etat, les moyens le transport et de communication du trafic commun et non militaire ni en service de transport militaire, ainsi que toute autre chose qui, même de l'Etat, n'est pas de nature belliqueuse, ne peuvent être saisis.

Art. 54. — A supprimer comme rentrant dans la neutralité.

Art. 55. — Doit être ainsi conçu : La propriété immobilière de l'Etat, ses forêts, édifices, et autres immeubles, peuvent seulement être utilisés, non pas aliénés. Leur administration restera soumise aux règles de l'usufruit.

Art. 56. — A maintenir.

*
* *

J'ai utilisé, en insérant ci-dessus ce qui dans leurs textes me paraît devoir rentrer dans le manuel, les conventions III, VI, VII, VIII, IX et X de 1907. — Les conventions I et II sont étrangères au sujet. — Les conventions V et XIII rentrent dans la neutralité, à régler par un règlement indépendant. — Les conventions XI et XII appartiennent au règlement futur des prises. Ce dernier règlement doit également être indépendant, puisqu'il comprendra dans un ensemble les relations entre les belligérants et celles entre eux et les neutres ; la réglementation conjointe de toutes ces différentes relations sera encore plus nécessaire, et l'indépendance du règlement des prises sera plus indispensable, lorsque les nouvelles règles quant à la propriété privée seront une fois adoptées. Aussi n'ai-je touché, dans mon projet, aux règles de prise que dans la mesure où cela était absolument inévitable à cause de la connexité des stipulations.

On ne pourra donc jamais éviter d'avoir, pour la guerre maritime, trois règlements distincts, à savoir : 1° entre les belligérants, 2° par rapport aux neutres, 3° concernant les prises. Et le premier de ces trois règlements ne pourra guère contenir plus que les règles qui se trouvent dans ce projet. Mais il est évident que plusieurs de ces règles, si elles sont adoptées, apporteront — comme d'ailleurs tout projet qui règlera la guerre sur mer entre belligérants — de profonds changements dans les règlements votés en 1907 sur la neutralité et les prises.

Veuillez agréer, mon très honoré Collègue, l'assurance de mes sentiments les plus distingués et dévoués.

R. KLEEN.

## L. — Observations de M. Harburger.

Munich, le 3 février 1912.

MON CHER CONFRÈRE,

I. — Quant à l'ordre des chapitres et des articles, je préférerais en général le système suivi par le manuel de l'Institut (manuel d'Oxford) parce qu'à mon avis il est plus logique et plus clair que celui du règlement de La Haye. Mais, en considération du fait que la Conférence de La Haye s'en est écartée sciemment, on ne peut guère espérer qu'elle y reviendra, de sorte que je propose de conserver l'ordre du dit règlement.

II. — Il me semble que la plupart des dispositions du règlement de La Haye peuvent être déclarées applicables aux opérations de la guerre sur mer.

Vu que la transformation des navires de commerce en bâtiments de guerre est permise et qu'il se peut que des navires ainsi transformés dont le changement de caractère a eu lieu en pleine mer — la question de savoir si cela est admissible ayant été laissée ouverte par les considérants de la convention du 18 octobre 1907 — entrent dans un port de l'ennemi immédiatement après la déclaration de guerre, même l'article deuxième du règlement sera applicable.

Par contre, il n'y aura guère d'occasions d'appliquer les principes énoncés dans les articles 13 et 15.

Quant à l'article 1, il est très probable que les navires de la soi-disant flotte volontaire russe seront transformés en bâtiments de guerre sur le champ après le commencement d'une guerre et qu'on prendra de semblables mesures partout où on le peut et le veut; par conséquent, il n'y aura pas de raison de faire passer l'article 1 dans le nouveau manuel.

Concernant la litt. g de l'article 23, il faudra tenir compte des modifications causées par la déclaration de la Conférence navale de Londres de 1909.

Dans l'article 21 il faudra se référer à la convention du 18 octobre 1907 pour l'adaptation à la guerre maritime des principes de la convention de Genève.

Aux articles 25-28 correspondent les articles 1, 6, 5, 7 de la convention du 18 octobre 1907 concernant le bombardement par des forces navales en temps de guerre.

III. — Dans l'article 29, al. 2, il faudra substituer le mot « aéronef » au mot « ballon ».

Il sera à propos de profiter de l'occasion pour écarter les difficultés quant à l'interprétation de la litt. h de l'article 23, signalées par notre confrère Oppenheim, et dont vous avez connaissance.

A mon avis, on ferait bien d'accentuer expressément, tant dans le règlement concernant les lois et coutumes de la guerre sur terre que dans le nouveau manuel, le devoir des parties belligérantes et de leurs forces de terre et de mer d'observer les droits des puissances et des personnes neutres garantis par les deux conventions du 18 octobre 1907.

On devrait insérer, soit aux deux conventions du 18 octobre 1907 sur les droits et les devoirs des neutres, soit au chapitre II du règlement, et par conséquent au nouveau manuel, une disposition analogue à celle du § 79 du manuel de l'Institut concernant les troupes et les individus appartenant aux forces armées des belligérants qui se réfugient sur le territoire d'un Etat neutre.

Je doute si la disposition de l'article 5 de la convention du 18 octobre 1907 pour l'adaptation à la guerre maritime des principes de la convention de Genève que les bâtiments hospitaliers seront caractérisés par certaines peintures leur assurera suffisamment pendant la nuit le respect auquel ils ont droit, étant donné qu'on ne pourra reconnaître les marques distinctives à une longue distance. Par conséquent, il faudra chercher un moyen de distinction plus efficace.

Le droit de réclamer la remise des blessés, malades ou

naufragés qui sont à bord de bâtiments-hopitaux ou de bâtiments hospitaliers quelle que soit la nationalité de ces bâtiments — accordé aux vaisseaux de guerre par l'article 12 de la même convention — ne devrait leur appartenir que quant à leurs nationaux. Sans cela les blessés ou malades en transport vers leur patrie pourraient être faits prisonniers et courraient le danger d'être placés dans un milieu moins favorable à leur guérison. Ce serait là une extension peu opportune du principe de l'article 14 de la même convention.

IV. — Il y aurait lieu de faire figurer dans le nouveau manuel :

1° des règles à observer par un belligérant quant à la manière d'agir envers des ennemis naufragés ou des bâtiments de guerre ennemis en détresse avant qu'ils soient tombés en son pouvoir,

2° des règles sur le traitement à appliquer à des prisonniers de guerre faits en pleine mer avant qu'on puisse les interner sur un navire apprêté pour cela ou sur la terre ferme,

3° des règles à observer par un bâtiment de guerre isolé ou par une escadre qui en pleine mer rencontre un vaisseau transportant une partie de l'armée ennemie ; elles seront bien plus dures dans le premier cas que dans le deuxième, parce que dans ces circonstances la situation d'un navire isolé peut être bien dangereuse (comparez quant à cette question « The Kowshing-affair » dans l'ouvrage de notre confrère japonais Takahashi : *Cases on international law during the chino-japanese War*, p. 24 suiv. ; on trouvera dans cet ouvrage encore quelques questions très-intéressantes).

Outre cela il faudra insérer dans une forme abrégée la plupart des dispositions de la déclaration de Londres.

V. — En ce qui concerne les règles touchant la guerre maritime qui ont fait l'objet à La Haye de conventions spéciales, il me semble qu'un simple renvoi à ces conventions serait insuffisant, parce qu'il est nécessaire de mettre entre les mains des officiers de la marine un manuel complet. Mais, d'autre part, si l'on insérait dans le manuel le texte même des articles de ces conventions, il serait à craindre que, s'il s'agissait un jour de modifier les dispositions d'une de ces conventions, la nécessité de modifier simultanément le manuel n'en augmentât les difficultés. On ne ferait pas bien toutefois de modifier seulement les dispositions des conventions qui n'ont pas été insérées dans le manuel, puisqu'on ne peut réussir qu'en réformant toute la matière à la fois. C'est pourquoi je propose d'ajouter au manuel une annexe contenant les dispositions les plus importantes des conventions et une clause expresse disant que des modifications futures auront de plein droit leur effet sur l'annexe du manuel. Il va sans dire qu'il faudrait aussi insérer dans le manuel un renvoi à l'annexe.

Avec mon meilleur souvenir,

H. HARBURGER.

www.ingramcontent.com/pod-product-compliance
Ingram Content Group UK Ltd.
Pitfield, Milton Keynes, MK11 3LW, UK
UKHW020152200726
13856UKWH00003B/962

9 782013 545631